これからの保育シリーズ 7

10の姿で保育の質を高める本

汐見稔幸（東京大学名誉教授）
中山昌樹（認定こども園 あかみ幼稚園理事長）

風鳴舎

序章

　この本は、21世紀型の保育の実際を、10の姿の理解とからめて丁寧に説明・紹介したものです。事例として認定こども園の実践を多く紹介したのは、こども園には保育所と幼稚園の双方の課題が含まれていて、こども園を紹介すれば幼稚園も保育所も、そのねらいや内容を10の姿にからめて理解することができると判断をしたからです。

　この本はその意味で、幼稚園、保育所、そして認定こども園すべての関係者に読んでいただこうと編んだものです。

　ところでそもそも幼稚園教育教育要領、保育所保育指針、そして幼保連携型認定こども園教育保育要領（以下3文書）の改訂・改定で、どうして「10の姿」という目標が出てきたのでしょうか。この本の内容をより深く理解するにはこのことがわかり納得していないといけませんので、序文ですが、ここで簡単に説明しておきたいと思います。

1.

　10の姿は、3文書では「幼児期の終わりまでに育ってほしい姿」と表現されている育ちの視点や目標像のことを指します。具体的に見出し語で言いますと

❶ 健康な心と体
❷ 自立心
❸ 協同性
❹ 道徳性・規範意識の芽生え
❺ 社会生活との関わり
❻ 思考力の芽生え
❼ 自然とのかかわり・生命尊重
❽ 数量・図形・文字等への関心・感覚
❾ 言葉による伝え合い
❿ 豊かな感性と表現

　それぞれの項目に書かれている内容は、これまでの「5領域」のねらいや内容に書かれていたことをまとめたり整理し直したりして書いているものが多くなっています。その意味では全く新しい目標像が出てきたわけではありません。にも関わらずそれを「幼児期の終わりまでに育ってほしい姿」とあらためて整理して書いているのはなぜでしょうか。

　ここで「育ってほしい」と書き、「育てるべき」と書いていないことにまず注目すべきでしょう。到達するべきあるいはさせるべき目標ではなく、「育ってほしい」という保育者の側の願いが書かれているのです。ですから「育てるべき力」というような書き方でなく「姿」とい

う少しあいまいな言葉が選ばれているのです。頭の中に、そうなってくれるといいなあというようなイメージを持って保育をしてほしい、ということです。そうしたことができるように活動し熱中し努力している子どもの姿をイメージして保育してほしいということと言ってもいいでしょう。

　ただし、ここでその内容が細かなこと、例えば「木に登れるようになってほしい」とか「ひらがなを全部読めるようになってほしい」というような具体的で細かな内容（願い）になってしまうと、実践の場では到達目標とあまり変わらなくなってしまいます。それは日本の幼児教育の実践スタイルにはしないというのが現在の3文書の立場です。あくまでも資質・能力を育てることが目標で、例えば「学びに向かう人間性」（心情・意欲・態度）を育てることが課題なのです。そのために、10の姿はそこに書かれている細かな文言にこだわりすぎると本来期待されているものと違ったものになります。

　例えば、「健康な心と体」の項には「認定こども園の生活の中で、充実感をもって自分のやりたいことに向かって心と体を十分に働かせ、見通しをもって行動し、自ら健康で安全な生活をつくりだすようになる。」と書かれています。これは具体的な事例でなく、見方・考え方を書いたもので、「見方と考え方だけを示すので、実際の保育の中味は自分たちで考えてほしい」という趣旨の文言になっていることに気が付きます。ここが大事です。この中の例えば「見通しを

もって行動し」という文言を取りあげれば分かりますが、こんなことは大人でもなかなかできないことだと感じると思います。「自ら健康で安全な生活をつくりだす」というところもそうです。われわれ大人だってこれができていないから生活習慣病にすぐなってしまうわけで、これを乳幼児に期待するのは無理です。

ここに書かれていることはあくまでもそうした見方・考え方で接することが大事だということにすぎず、それができなければダメということではないということにくれぐれも注意したいと思います。文言は大事ですが、あくまでも子どもや保育の見方・考え方を示しているのだということです。ですからその後に「姿」という言葉を使い、そうした方向で育っている子どもの姿を頭に描きながら保育を評価したり、実践したりしてほしいということです。

2.

10の姿が書かれたということは、園の実践をこれまでよりもより積極的に日本の乳幼児期からの教育として位置づけたいという歴史の流れが背景にあります。要するに、子どもを育てることを社会で意識的に保障していくことを、20世紀は主として6歳から、21世紀は3歳ないし0歳から行おうという方向に世界は変わってきているということです。家庭だけでなく、社会が責任をもって育てていこうとする教育の営み

を、乳幼児期から行うのが21世紀だということです。ヨーロッパはその方向に向けて動き出しましたので、日本も本格的にやっていこうというのが今回の改訂の背景にある歴史的な流れです。

分かりやすくいうと、これまでよりもしっかりと保育園、幼稚園、こども園等で子どもたちを育てていこう、ということです。それが教育的な機能が高まるということですが、それは、園での実践を通じて子どもたちの育ちを支え、実現していこうという、広義の意識性が高まったということを意味します。しっかりと育てていこうということです。

そのため、単に遊んでいればいいというのではなく、その遊びや生活行為の中で、子どもたちにどうした力が育っているのか、あるいは育ちきっていないのか等々を観察して見抜き、それを評価内容にしながら反省し次の保育を構想する、という循環をきちんと実現しようということが課題となったのです。評価（アセスメント）やカリキュラムマネジメント等の語がキーワードになったのはそうしたことが背景にあるからです。

こうした、教育機能を高めるために、保育を通じて子どもたちにどうした力が育っているのかを見抜き感じ取る力をもっと持とう、つまり評価の力を高めよう、そしてそれに基づいて環境構成をやり直そう、等々、実践力を高めようというのが今回の3文書の改訂・改定のねらいでした。そのために、日頃の保育をもう少し意

序章　005

識的に行うための指標を示そうとしたのが10の姿です。

10の姿は保育の意識性を支えるための枠組みです。ですから特に10ではなくて、わが園では整理して8つの姿にしたとか、私のところでは付け加えて11にしたとかがあってもかまいません。意識的に保育している枠組みとして機能すればいいのです。

ただし、10の姿には、もう一つ、今回の改訂が2030年代に世に出ていく子どもを念頭において策定されたということも知っておいていいでしょう。幼児なら2040年代に社会に出ていく世代を育てているということです。

当然、20年後にはAIが日常の生活に入り込んできているでしょう。人間が苦労してすることはどんどん人工知能を組み込んだ機械、ロボット、そしてシステムが肩代わりしていくことが自明視されている社会です。この社会では人間は ❶ 身体で覚え、身体で分かり、身体で判断するというようなことがどんどん減っていきますし ❷ 人間が考えなければならないことも減っていきます。そして ❸ 人と直接関わって仕事をしたり用を済ましたりすることも減ります。ネットで仕事も用事もほとんど済ましても困らない時代が待っているのです。

でも身体で覚える、身体に文化としてのワザを刻み込んでいく、感性の豊かな身体を手に入れる、等々は人類がこだわってやってきたことで、それができることが人間の喜びでもあったはずです。その力を身につけるチャンスが減っ

ていくと人間はどうなるのでしょうか。そして考えること、工夫すること、企画すること等々も必要がなくなっていけば人間の生き甲斐はどこに行くのでしょう。さらに人が人に直接関わり共感し合う、支えあうということが減れば、人間は生きる喜びや目標が分からなくなる可能性があります。

そこでAI社会を生きる世代には ❶ 身体を使うこと、身体で覚えていくこと等が大好き！ ❷ 自分で考えること、工夫すること、討論すること等が大好き！そして ❸ 人と関わって何かすることが大好き！人と共感し合うことが大好き！という人間的な資質を幼い頃からしっかりと育てていくことが、逆にとても大事になってきます。この3つの大好き！ をもう少し具体的に目標化していくと、そうです、10の姿に近づいていきます。

つまり10の姿の内容は、来たるべきAI社会の人間形成の課題をも示していると読めるのです。この点は各職場でたくさん議論し合ってほしいのですが、こういう風に見てみると、10の姿を意識して行う保育が21世紀中盤社会の保育のモデルとなる、ということもある程度納得がいくのではないでしょうか。

汐見稔幸

Contents

序章 003

PART 1 10の姿 幼児期の終わりまでに育ってほしい姿 009

1 ［ア］健康な心と体 010
　事例：［ア］健康な心と体 015

2 ［イ］自立心 019
　事例：［イ］自立心 024

3 ［ウ］協同性 028
　事例：［ウ］協同性 032

4 ［エ］道徳性・規範意識の芽生え 037
　Column：認定こども園あかみ幼稚園のエピソード 041
　事例：［エ］道徳性・規範意識の芽生え 042

5 ［オ］社会生活との関わり 046
　Column：認定こども園あかみ幼稚園のプロジェクト 048
　Column：仁慈幼保園の新聞　令和について 051
　事例：［オ］社会生活との関わり 052

6 ［カ］思考力の芽生え 056
　Column：焼き物 059
　事例：［カ］思考力の芽生え 060

7 ［キ］自然との関わり・生命尊重 064
　事例：［キ］自然との関わり・生命尊重 070
　Column：羊の誕生と鶏の死 072

8 ［ク］数量や図形、認識や 文字などへの関心、感覚 073
　事例：［ク］数量や図形、認識や 文字などへの関心、感覚 081

9 ［ケ］言葉による伝え合い 085
　事例：［ケ］言葉による伝え合い 091

10 ［コ］豊かな感性と表現 096
　事例：［コ］豊かな感性と表現 102

PART 2　保育の質を高める〜CASE11 105

CASE 1　小学校教育との接続　保育園 幼稚園 こども園 共通 106

CASE 2　カリキュラム・マネジメントと同僚性　保育園 幼稚園 こども園 共通 112
1 カリキュラム・マネジメント 112
2 同僚性 116

CASE 3　多様な保育時間への対応　こども園 幼稚園 120
1「教育時間」と「午後の保育」との連続性を担保する 120
2 午後の時間はあえて多様な関わりを生み出す 123
3「生活のリズム」・「養護」 124

CASE 4　ノンコンタクトタイムを作る　保育園 幼稚園 こども園 共通 126

CASE 5　記録の取り方・活かし方　保育園 幼稚園 こども園 共通 127

CASE 6　「10の姿」の分析と検討会（カンファレンス）の行い方
保育園 幼稚園 こども園 共通 130

CASE 7　0〜2歳児保育　保育園 こども園 134
1「個」のペースを何よりも大事に 134
2 　緩やかな担当制 137
Column：乳児保育の3つの視点 140

CASE 8　2歳から3歳児保育への移行　保育園 こども園 141
集団生活の経験年数の違いへの配慮 141

CASE 9　子育ての支援　保育園 幼稚園 こども園 共通 145

CASE 10　食育の推進　保育園 幼稚園 こども園 共通 149

CASE 11　地域と関わった 子育ての支援〜まちづくりの視点
保育園 幼稚園 こども園 共通 153

巻末付録　保育所保育指針、幼稚園教育要領、
幼保連携型認定こども園教育・保育要領の改定・改訂　Q＆A 156
「記録」の用紙サンプルフォーマット 158

PART 1

10の姿 幼児期の終わりまでに育ってほしい姿

① 健康な心と体
② 自立心
③ 協同性
④ 道徳性・規範意識の芽生え
⑤ 社会生活との関わり
⑥ 思考力の芽生え
⑦ 自然とのかかわり・生命尊重
⑧ 数量・図形・文字等への関心・感覚
⑨ 言葉による伝え合い
⑩ 豊かな感性と表現

今回の幼稚園教育要領、保育所保育指針、幼保連携型認定こども園教育・保育要領の改定・改訂で、「幼児期の終わりまでに育ってほしい（10の）姿」が示されました。言うまでもなくこれは、子どもの育ち行く姿を表現したもの（到達目標ではなく方向目標）であり、保育・教育と小学校教育との確かな接続のため、保育者と小学校教師共通の概念として示されたものでもあります。さらにこれは、0歳からの保育と育ちが一生涯にわたる豊かな成長の出発点であることを前提とした、21世紀型の保育・教育の模索を求めるものです。

ここではこの「10の姿」について、汐見稔幸先生が語る思想・哲学に耳を傾けながら、現場でどのように活かしていくと、これが21世紀型の保育・教育となっていくのか、丁寧にひも解き探っていきます。

❶ [ア] 健康な心と体

「幼保連携型認定こども園における生活の中で、充実感を持って自分のやりたいことに向かって心と体を十分に働かし、見通しを持って行動し、自ら健康で安全な生活を作り出していけるようになる」

3つのキーワード

この中にはいくつかのキーワードが入っています。「充実感をもって自分のやりたいことに…」とありますが、「充実感」というのは、一体何だろうかということ。それから、「見通しを持って行動する」という、「見通し」というキーワード。それから、「自ら作り出す」。自分でそういう生活を作り出すということが課題になっている、僕は大きく分けてこの3つの用件があると思っています。

いま、カラダが育ちにくくなっているということで、あちこちで身体訓練をするという保育が出てきていますね。「走れ走れ、もっと飛べ！」とか。「頑張れ！ほれ、勇気だざんかー！」とかね（笑）。やっているんですよね。「健康な心と体」という目標は、そうした訓練主義的な保育に対する批判ともいえます。乳幼児に訓練主義的にやったって本当の身体の能力にはならない。例えば逆立ちして一生懸命歩くとするじゃないですか、小学校3年生、5年生になってまだ逆立ちで歩けるかっていうと歩けないと言うんです。もともとやりたくてしたわけじゃないから、小学校に入ったらやっと解放されたとなって二度とやらないと言うんです。自分でどうしても逆立ちしたくてするのと、意味が違うのですね。しかも、世の中に出た時に逆立ちで歩くことというのは、あまり意味がないんですよ（笑）。やらないと何言われるかわからない中で、本当にやりたいことじゃな

5歳児リレー対決。バトンをつないで

くて、本当はやりたくないんだけれど、という形で幼児期に形だけできるようになっても、心はどこかそれを拒否しているので、そのあときれいにはがれ落ちていくんです。イヤイヤやらされたブラスバンドの練習も同じですね。

やりたいことでないと身につかない

本当にやりたいこと、必要なことでないと身につかない、ということですよね。自分でもそうなんですけれど、本当にやりたいことでないとがんばれない、というか我慢できないですよね。言い方を替えると、意味のある我慢はできるけれど、とにかくそうしろという無意味な我慢は耐えられない。

多分、それはイヤダイヤダという情動があると、脳にできた新しい回路を自分で消していこう、消していこうというように人間ってできているんだと思うんです。もちろん、訓練主義的にやってもとても運動神経のいい子がそれで伸びていくことはあるとは思いますよ。でも大部分の子は、イヤだな、やりたくないなぁと思っていることを集団の力でさせられても、あとで運動ぎらいになるとか、つらかったという思い出しか残らないんですね。ふつうの子は、それよりももっとあそこで走ってみたいだとか、あそこでゴロゴロしてみたいだとか、回転して下まで行ってみたい、気持ちいいだろうな〜、とかね。そんなことをやっているうちに体がしなやかになっていく、そういうやり方の方が、一生体に残っていくわけですよね。

身体を動かすことそのものが楽しい1歳児

確かにそうですよね。オリンピックに出るような人は確かにその中にいることはいるんでしょうけれど、多くの子どもは大人が喜ぶからスゴイ技をするというのではなく、純粋にゴロゴロしたいとか〇〇したい、やりたいという気持ちで動きますよね。

「見通し」をつけられるのが本当の身体能力

本当の身体能力を伸ばそうと思ったら、自分で自分の体をコントロールできるような、こうやったらうまく飛べるといった、見通しを自分でつけられるような、身体コントロール能力を身に着けることが大事なんですね。ですから、「10の姿」にさり気なく書いてありますが、「見通しをもって行動し」、というこの一番に書いてあること、これが実は大事なんですね。でもどうすればいいか。お互いの体の動かし方を言葉で説明するようなことが必要になるのかもしれませんね。10の姿の個々の項目はそうしたスポーツ科学の到達点を踏まえた表現になっているなと思っているんです。

それは、こんなことをしたら危険だというようなことも含まれるわけですよね。見通しを持って行動…大事ですよね。

子どもは、やりたいことをやらないと

僕はこれ、どこまで深いかわかりませんが、10の姿の一項目、一項目、今の学問・研究の到達点を踏まえた上で、書こうと努力しているように思います。やみくもに走らせるとか無茶苦茶運動するというのは今のスポーツ科学でも否定されていますよね。子どもは、自分がやりたいことをやらないといけない。ああやったらうまくいくかな？と考えて行動する、そこが大事だということですよね。単純なことなんですけど。

本当にやりたいことに取り組むということと、見通しというか、ちょっと先を考えてやってみるということですね。自分がやりたいことに挑戦するとか、そこで壁を自分から乗り越えるというのが、ここで言っていることですかね。でないと、やたらやらせる

なわとびを跳べるようになりたい

ような訓練主義になってしまう危険がある気がします。

訓練すれば伸びるということではない、ということですよね。自分で目標を立てて自分で訓練するというのはわかりますが。

今、○○式みたいな、やたら体の訓練を行うメソッドが見られますが、今回の改訂で「10の姿」から学んでほしいですね。やりたいことに取り組むということを大前提に、子どもなりに見通し持って取り組んで見通しをつけられるようになる、そこですね。

「やりたいことに向かって」という言葉が入っていますね。それから、「見通しを持って行動する」というのは、自分でこういうことをすれば次はこうなるんじゃないかということです。これは身体的知性と言ってよいものだという気がします。ハーバード大の有名な心理学の先生に、マルティプル・インテリジェンス＝MI理論で有名なハワード・ガードナー[1]という先生がいます。彼は、人間の知能には8種類あるという興味深い説を出しています。

能力は言語・論理数学的能力だけではない

例えば落語家とか、お笑いタレントの中にすごく上手に言葉を使う人がいますよね。そういった人が論理・数学的な能力が高いかといえばそうでもない。あまり関係ないわけです。われわれは、論理・数学的な能力だとか、お話のつじつまが合っているとか、それに基づいてしっかり記憶するとか、知能指数で測るような力を知能と考えているわけです。しかしそれは知能のほんのひとつの側面に過ぎないと言うのです。

※1　ハワード・ガードナー
ハーバード大学教育大学院認知心理学教授。1983年にMultiple Intelligences Theory（MI理論）を発表し（http://www.japanmi.com/）、"知能"という概念を大きく前進させた。彼の理論によるとすべての人間には以下の8つの知能があるという。

① 言語的知能
　（Verbal - Linguistic）
② 論理・数学的知能
　（Logical - Mathematical）
③ 空間的知能
　（Visual - Spacial）
④ 音楽的知能
　（Musical）
⑤ 身体運動的知能
　（Bodily - Kinesthetic）
⑥ 対人的知能
　（Interpersonal）
⑦ 内省的知能
　（Intrapersonal）
⑧ 博物的知能
　（Naturalistic）

この広義の知能は海外においてはすでに認知され、教育の世界にも導入されているといわれる。IQに代表される知能指数テスト等で計測される狭い意味の知能（上述の①言語的知能と②論理・数学的知能に相当）を養成するだけでは社会に出ても成功できないという。日本では従来の狭い意味での知能概念が一般的であり、言語的知能や論理数学的知能のみに重点が置かれているといわれる。ハワード・ガードナーは労働市場における需要に応えることも教育の使命と明言している。

そうですよね。数字で表すことができるのはごく一部。上手に言葉を使うことと論理・数学的な能力は、イコールではないのでしょうね。

時代によっては、知能指数で計られる知性が一番大事だとは限らない時もありますよね。ガードナーは、言葉を上手に使えて、相手に優しく話せるとか、そういうのはまた違う能力だというわけですね。そういう能力は脳もまた違うところでつかさどっている。どうしてこんなにイメージが豊かなんだろうとか、絵を描く時に、どうして面白いものを思いつくのだろうかとか。ジミー大西さんみたいにね。

感性とか、芸術ですよね。

言語能力と論理・数学的な能力とは別物で、別のところでつかさどっているわけですね。いろいろなものを脈絡なく上手に覚えている、そういう能力もまた能力ですね。あと、自分が例えば空中でどんな姿勢をしているをイメージできる人がいる。これは身体能力が長けているということで身体的知性というのですけれども、そういう人はやっぱり運動が得意なわけですよ。こういった能力はすべてが能力だといっていて、それを受けて子どもたちの100の言葉※2というのを、レッジョ・エミリア※3でも言っているわけですね。

※2　100の言葉
『子どもたちの100の言葉』。レッジョ・エミリアの幼児教育実践記録。レッジョチルドレン著。

※3　レッジョ・エミリア
イタリアにレッジョ・エミリア市という小さな街がある。「世界で最も優れた学校10選」に選ばれた学校があることから、この街での教育法が近年注目を浴びている。子どもたち1人1人の意思を尊重し、個々に持つ感性を生かすことが最も重要であるという理念を持つ。常に子どもが学ぶ権利とコミュニケーションのとり方を考え、そのための環境を重視した教育現場を作り上げている。子どもたち自らが自由な発想で表現活動ができる環境を整えている。

事例 ［ア］健康な心と体

向山こども園 ①

見通しをもって遊べるようになる
アスレチック

　本園の園庭は、子どもたちの遊びに合わせて、季節ごとに変化していきます。

　夏のプールやウォータースライダーがあった場所には、秋には自然木を使ったアスレチックを作りました。このアスレチックを見た子どもたちは、さっそく登り始めます。

　「ここまで登れた！」「こっちからもいけるよ！」「私はこんなところまで行ったよ！」

　数日間、楽しんでいましたが、ただ登るだけでは徐々に魅力がなくなっていくアスレチック。そこで、アスレチックの頂上に絵を張り、だれがタッチできるか？ というゲームを子どもたちに提案しました。

　すると、手近にあった枝をスタートラインにし

て、よーいスタート！と早速勝負に興じる子どもたち。アスレチックの下から駆け出し、登ってタッチする。ルールが単純なことと、すぐに次の試合（遊び）に移れることから、遊ぶ子どもたちは増えていきました。

　何度も繰り返すうちに、「よし！タッチ～‼」と同じ子が何度も一番にタッチするようになり、徐々に早い子と遅い子の差が出てきました。

　保育者としては、「優劣がついてつまらなくなってしまうかな？」と思い心配していましたが、子どもたちの会話に耳を傾けてみると、大人のとらえ方とは少し違う姿がそこにはありました。

　「〇〇君早いんだよな～」「（最初にタッチしたのが）また〇〇だ！すげーな～！」と言って、早い子にあこがれを持っているようでした。勝負という要素がこの遊びの面白さではあるのですが、同学年であっても「すごい！」と、目指す存在になっているようでした。

　また、遊びとしては勝負をしているのですが、「よし、俺はこっちからいっていよう！」と、ゲーム中は自分の決めたルートで絵のところまで進

もうとする姿も多くあり、タッチできることに満足する姿もありました。

　そして、ゲーム自体も、アスレチックのすぐ下からスタートしてみたり、少し離れた山からいってみたり、自分たちで絵を描いたり、貼る人が出てきたり…と、遊びこむうちに様々な遊び方やかかわり方が追加され、変化していきました。

　骨格になるルールは単純なこのゲーム。しかし、その遊び方や楽しみ方は、遊びの継続によってどんどん変化していきました。

　自分たちで作り上げていく遊びの中で、遊び自体の試行錯誤が生まれ、いろいろな体の使い方を試したり、満足感を得る経験ができたことは、この後の遊びにも大きな影響があったようです。

向山こども園 ②

大人のスポーツが子どもの遊びへ

　本園の運動会「リトルオリンピック」は、子どもたちと一緒に考え進めていきます。
　この年のリトルオリンピックは、ちょうど夏のオリンピックの年だったこともあり、自分たちの得意なことを見せよう！ということで『キラリンピック』という種目を行うことにしました。

弓矢でねらって、ねらってー！

が始まりました。
　自分のクラスのメンバーは寝転がり、ほかのクラスの子が監督のように手で指示を送ります。右、左、開くなどの合図を送り、それに合わせて足を動かすのですが、手足の動きが合うまでに何度も何度も練習を重ねていました。
　迎えたリトルオリンピックの当日、子どもたちはこの日のために作られたステージに寝転がり、それぞれのクラスごとにシンクロナイズドスイミングを見事にやりとげました。大きな拍手をもらって大満足でした。
　大人の姿を自分たちなりに解釈し、模倣する。スポーツを遊びとして取り入れることで、創造的な遊びに生まれ変わった瞬間でした。

　選手を誘導する白バイ隊員をやる子から、弓矢、テニス、橋渡など、自分たちで考えた競技を披露しようと子どもたちが計画します。
　その中で、この年、日本のオリンピックチームがメダルを取るのを見聞きし、あこがれたシンクロナイズドスイミングをやりたいということになりました。それを実際に行うことに決めた女の子たちがいました。
　もちろん、プールを作るのは難しいため、どうやればいいか試行錯誤の日々が続きました。台車に乗って水に見立てた青い布のところを移動してみたり、衣装を着てみたり…。多くの話し合いを重ね、様々なやり方を試しながら、子どもたちが最も再現したかったのは、シンクロナイズドスイミングの選手が水面に足を出して演技する技でした。そこでこれを行うことをベースに、練習

リトルオリンピック

そろえてねー！！
足はピンとしてね！

2 [イ] 自立心

「身近な環境に主体的に関わり、様々な活動を楽しむ中でしなくてはならないことを自覚し、自分の力で行うために考えたり工夫したりしながら、諦めずにやり遂げることで達成感を味わい、自信を持って行動するようになる」

主体的に関わる

この項はいわゆる非認知的なスキルのことがまとめて書かれていますね。まず大事なのは、「主体的に関わる」ということ。やらされるということとは逆のことですね。自分で、これをやりたい、自分でやりたいことはこれなんだ、このことを決めたのは私です、ということです。自分のことを決めているのは自分で、自分は自分の主人公ですという感覚です。

やらされるのではなく、やりたい、やることを決めたのは私ですというのは、やはり遊びですよね。

ままごとのテーブルを片付けよう

しなければならないことを自覚する

そうですね。遊びだけでなく、様々な活動を楽しむということ。これは面白い、これは楽しいという気持ちがなければ心は豊かに育たないのですね。ここで、「しなくてはならないことを自覚し」という言葉がさり気なく入っています。子どもが遊び中心で育っていくといっても、遊びばかりやっていたら、やりたいことしかやらない。つまり、「これやりたいんだもん」「それやりたくないんだもん！」ということだけになる懸念というのかな、我儘な子になるんじゃないの？っという疑問をもつ人が

いますね。

　子どもは成長していくと、やりたいことをたくさんやると同時に「これができるようになるためには、これはやらなきゃならないことなんだよな」「皿洗いしなきゃならない時は僕もやらなきゃならないよな」とか、「したい」だけでなく「しなければならない」ことの自覚が「これは自分でやらなきゃいけないよな」とか、やりたくないという気持ちに対して「やらなきゃダメだよな」ということを納得してやれるようになる。情動が勝手に走るのを知性がきちんとコントロールする、いわば知性で感情をコントロールする、それができて本当の自主性になるんですね。そういうものがないと、実は自主性とか自立心とはいえないのです。幼児期になるとそういう力が少しずつ育ってきますし、育てなければならなくなりますね。

自分たちの部屋は自分たちできれいにしよう

情動が勝手に走るのを知性がきちんとコントロールする

なるほど、深いですね。それから、「情動が勝手に走るのを知性がきちんとコントロールする」というのが、私としては、なるほど！ という点ですね。

「情動が勝手に走るのを知性がきちんとコントロールする」ということで、「しなければならないことを自覚し」というのが入っています。徐々に段階をおって「これはしなくてはならない」「これは片付けないといけない」「この練習をするためには、これが出来るようにならないと」というように見通す力の育ちとセットですね。子ども自身が踏まえていくというか、そうやって考えて、我慢もできるようになっていく。そうしないと本当の自主性とか自立心にはならないんですよね。

自分の力で行うために考えて工夫する

それから、「自分の力で行うために考えて工夫する」というところ。これは自分だけが強調されていますが、一人ですべて、ということではないんだと思います。どうしても無理だなということになったら、人の力を借りることも実際は大事なことになっていく。そのことも自分で考えられるようになることが大事ということですね。この点は書いていないのですけども。

人の力を借りるということを考えられる

どうしても無理だったら人の力を借りるということを、やはり考えられることも大切で、これも、考えて工夫することになりますね。

本当に自分でやろうとしたら思考力を働かさないとできない。そういうことができてはじめて自立心といえ、そして、その上で…ちょっとしたことでメゲない粘り強さも必要です。

　でね、試行錯誤するということなのですけれど、うまくいくまでは、ずっと失敗なわけです。ですがそれを失敗と言わない知恵が大切。失敗といわず、こうしたらうまくいかないんだ、ということを学んでいる過程なわけです。

　試行錯誤というのは、無闇やたらにやっているのではなくて、段々上手になっていく過程で失敗から学ぶことです。子どもたちが身につけなければならない心のたくましさというのは、一回でうまくいくはずはないんだと、何回も何回もやってるうちに色々なことを学んでいって、それで最後には出来るんだという、その粘り強さ。失敗から学べる賢さ。これを最近ではレジリエンス※1などといういい方もしています。

　例えば、引きこもっている若者に面接をしている方のお話を聞いたところ、彼らに共通している弱い部分がレジリエンスだということです。失敗したら激しく落ち込んでしまって、いい

※1　レジリエンス
自発的治癒力の意。「精神的回復力」「抵抗力」「復元力」「耐久力」などとも訳される。己に不利な状況やストレスにさらされる環境に適応することができる個人の能力。"レジリエンスが高い"とは、逆境力があるとか精神的な回復・防御力があるということ。困難な状況にも関わらず、しなやかに適応して生き延びる力があること。

経験をしたじゃん！とは思えない。もうダメだと思ってしまう。小さい頃から、たくさん遊んだり何回も失敗したりして、最後「やったぜ〜!」という、そういう思いをすることがやはり大切なんですね。いつも失敗しないように失敗しないようにと、レールを敷かれて、「ほらできたでしょ〜、ほらできたでしょ〜!」と言ってもらっているだけではダメなんですね。それはそれで嬉しいことだけれども、でも、先回りしてくれる人がいなくなったら、失敗したらどうしていいのかがわからなくなってしまう。

日本の子どもたちの心が折れやすいというのは、保育に携わる身としても大変気になります。

保育は上手に失敗させてあげることを組織的に行うこと

そういう意味で保育は、上手に失敗させてあげるということを組織的に行うことだと思うんです。そして、子どもがそこから何を学ぶのかが一番大事。とにかく諦めずにやり遂げる、途中で失敗はしてもね、そこで諦めてはいけない。

なるほど！ 保育は上手に失敗させてあげるということを組織的に行うこと。

なになにチャン、今日はどうだったの？」と聞いて、「うまく行かなかったーー」と答えた時には、「どういうふうにやってみたの？」「じゃあ、それ、みんなに説明してくれる？」っていいながら、「みんなはどう思う？」ともっていく。「そんなことやったからうまくいかないんだよ」「こうやって、もう一遍やってみな！」「うんじゃあ、やってみる」。それでやってみたら「うまくできたーー!」とか、そういうことの毎日の繰り返し

うまくいかないけれどコマをまわしたい

が保育ですね。
そうやって上手に中継ぎをしながら、失敗から学ぶことを応援していく。こういうことを諦めずに毎日やっていくことが保育ですよね。

情動が勝手に走るのを知性がきちんとコントロールするという感じがしますね。

自立心というのは、このようなプロセスでようやく少しずつ形にしていくものであって、自立心なる抽象的なものを想定して、「自立せよ自立せよ」などといっても育つようなものではないということですね。自立ひとつとっても、すごく面白いなと思います。

待ってるからやってごらん

事例 ［イ］自立心

こども園こどもむら

お当番活動における"失敗からの学び"

　「お食事当番」は毎朝、米とぎから始まります。4人のお当番さんが、調理室からもらった今日食べる分のお米を保育室でとぎます。慎重にお米をこぼさないように気を付けますが、時には釜をひっくり返したり、大量の米をこぼしたり、水の量を間違えたり、ごはんが足りなかったり多かったりと失敗の繰り返しです。そのような経験を通して、子どもたちなりにいろいろな意見を出し合い、どうすればうまくいくかを考え始めました。

自分たちでルール決め

　「おいしいごはんが食べたい!」という子どもたちは3つのルールを作り出しました。
❶ お当番は2人ずつで、協力しあいながらやる
❷ お米を調理室からもらわず、自分たちで米びつ

❷［イ］自立心

から量る
❸ メニューによって毎日炊く量を変える

　そして、丁度いいお米の量を何日もかけて調べます。お茶碗で食べるときは5合と6合、どんぶりの時は7合と8合、お休みが多いどんぶりの日は6合と6合と考え、表を作ります。

　それからは、毎朝、ランチのメニューを見て、炊くお米の量が書いてある表で確認し、2人1組のお当番さんが、間違いないように2人で声を出し合って「1合〜2合〜…」と数えながら米びつから計量カップを使い量ります。子どもたち自身の力で失敗から学び、その学びを生かして、今は毎日おいしいごはんを食べることができています。

お米とぎ！

最初はお米を調理室からもらっていたけど…

毎日メモして丁度いいお米の量を調べたよ。

自分たちで米びつから量ることになったよ！

PART 1　10の姿　025

パンがない!!

「どうしましょう…」「パン買ってきますか？」
　この日は業者のミスでパンが届かないというトラブルが起きました。保育者たちが思案していると、「ごはんを炊いたらどう？」と5歳児さんからの提案が･･･。そこで、子どもたちに任せてみようということになりました。
　子どもたちはまず、話し合いを始めます。「今日のランチのパンが届かないからどうしようか」「今日のメニューはなんだろうか」と。そして、話し合いの結果、「ごはんを炊いたらどうか」「献立通りパンがいいんじゃないか」と2つの案が出たため、2つのグループに分かれ、再び話し合います。
　ごはんを炊くと考えたグループはおにぎりを作ることにします。
・おにぎりを作るには何合炊けばよいか
・3歳児、4歳児はどのくらい食べるのか

　パンがいいと考えたグループはスーパーに買いにいくことにします。
・献立のパンは何のパンだったか
・パンを何枚買えばいいのか
・スーパーに買いに行き、値段を調べる
　キッチンの調理師に聞いたりしながら、一つひとつ考え、買物係と調理係に分かれ、行動を開始します。

②［イ］自立心

　少し遅い時間のランチとなりましたが子どもたちの活躍によって、おいしいランチを食べることができたのです。

成功体験を積む
子どもたちはお当番活動を通して、自分の役割・自主性・責任感を培っていきます。今回の子どもたちの行動は、日常的に小さなことでも自分たちで問題解決の方法を見つける習慣を作る行動だったと感じています。保育者は失敗からの学びを信じ、子どもたちをあえて見守ることも大切と考えます。

3 [ウ] 協同性

「友達と関わるなかで、互いの思いや考えなどを共有し、共通の目的の実現に向けて考えたり工夫したり、協力したりして、充実感をもってやり遂げられるようになる」

協同性は高度な能力

ごっこ遊びや、共同制作といった、協同的な活動があります。例えばごっこ遊び。僕はこういうイメージで遊びたい！でもこっちの子どもはそれとは違ってこういうイメージで遊びたい！と言っている。その、遊びのイメージとイメージとがきれいに合体して膨らむようにはいかないことが、実はたくさんあります。そこで、そういう時に、「じゃあ、僕のやりたいことを引っ込める」となるのか、それとも、「そんなの関係ないよ！」といって自分のやりたいことをやるのか。実は色々な対応の仕方があるわけです。僕の考えと、なになにちゃんのをくっつけてやろう！というように、簡単にはいかないわけですよね。ここには、友達と関わるには互いの思いや考えなどを共有すると書いてあるけれども、そう簡単には共有できませんよね。協同性は、相当高度な能力だと思います。

これは、本当に難しいですよね、本園の教育課程で最終期の姿に「合意の形成」という課程があるのですが、これはかなり高度な「育ってほしい姿」だと思っています。

そうですね。まずは意思をぶつけ合う、出し合う。そして、最後に「ああ、じゃあ、一緒にできるじゃん」っとなる。あるいは、「なになにちゃんのアイデアは、僕にはなかったものだけ

ボーリングのスコア、どう書く？？

れど面白そう」などといって、それもやろう、となるとか。色々なパターンがあってその様々なパターン中で、できるだけ「なになにちゃんはああやりたい、僕はああやりたい。<u>じゃあ、両方共できるような形に持っていこう</u>」となるのが知恵なんですね。

 それ、まさに「合意の形成」です！

ですね。人間関係の中では必ず意見の相違があって、お互いがそれをね、自分の意見を引っ込めるのではなくて、また、ゴリ押しするのでもなくて、ね。そういう関係をつくることで関係ができていくわけですね。「じゃあ、順番にやってみよう」ということもあるでしょうしね。「今回は、なになにちゃんのをやってみよう」とか。「2つくっつけたら、こんなふうにもなるじゃないか」とか。

どうやって作る…？ 劇で使うものの設計図

「10の姿」の"協同性"が要求するもの

 私たちが「合意の形成」と言っているのもまさにそれで、言い方を変えると「自分も大切、相手も大切」ということですね。要するに問題解決の方法なんですね。声が大きい人のいうなりになったり、長いものに巻かれたりするのではなく、本当にまずはぶつけ合うことが大切ですし、それでその問題を双方が納得する形で解決していく…高度ですけれど、そういうことを目指したい。

 僕はそれね、人間の持つ最大の知恵みたいなものだと思うんです。人間関係をうまくつくる。だから、子ども同士の意見を出し合って、すぐに意見と意見が合体とならない場合には、あ、これはいいチャンスだと思えるような保育者の感性。10の姿の協同性とはそういうものを要求していると思うのです。

🧑 まったくその通りだと思います。保育の現場ではそのような"もめごと"は最高のチャンスですね。なかなかそうは思えず、トラブルが起きると「あー、困ったな」と思いがちですが。

🧑 だいたい目標が一致したら、今度はそれに向けて「じゃあ、僕はこうやりたい」「なになにちゃんはこうやりたい」と、また少しずつ違うことなどもあって、「違う、こっちが先だよ」「違うこっちが先じゃん！」とかいいながらね。「じゃあさあ、今回は僕が折れるよ」とか、それか「今回は僕のやつをやるぞ！」とかやりながら。あるいは、その中間から始めようとか。いろいろあると思うのですが、まずはいろいろ意見を出し合わなければいけないし、上手に妥協もしないといけない。

リレーの順番決め…次は誰が走る？

🧑 そうですね。大人もそうですが、やりながら、「そういえば、われわれは何をやろうとしていたのだっけ？」と、目標の一致を試みるというか、理念の共有を確認するとか。話がそれますが、認定こども園を始める時にも色々な問題が出てきました。でも「なぜ認定こども園を目指すのか？」と、その理念を確認することが大切になってくる。

🧑 そういうことですね、やることが大事だと書いてあって、その後にね、共通の目的に向けて考えたり工夫したり協力したりするということ。結局、ちょっと目標が違う、でも、なんとか一致した。それで、今度はやり方を考えたらそれも違うとか、そういったことをともかくわーわー話し合う。そういう時に、「でもさー、なになにというやり方でやったら、こうもできるんじゃないのかな」というふうにね。そこには、ある種の冷静な思考というか、そういうものも必要で、そういうことを通じて、人間は賢くなっていく。僕はそう思います。

協同で遊ぶから自律の力が育つ

一人と違って協同でやること、そこは自分勝手な世界ではない。そして、その結果一人でやるよりずっと面白いことができたとなる時に「友達っていいな」と思うわけですよ。一人で遊ぶよりずっとスリリングな遊びができることもあるわけです。「なになにちゃんがあそこまで木に登れるから、僕も頑張って登ってみたい」と。一人でやるより絶対楽しいし、面白い！となった時に、その体験から一生付き合っていくような友達もできていく。

いつも思うのは、仲間ととことん遊んだ子どもは"わがまま"にならない。協同で遊ぶから、結果的にそこから自律の力が育ってくると思うんです。そして賢い子に育つ。

幼児期というのは、竹馬の友になる手前の時期かもしれないですが、目標を一緒にするとか、協同するということ、それを繰り返し繰り返しやって、で「あいつ、ほんとはいいやつなんだよな」とか「なんだかんだあるけど、あいつといるとやっぱり楽しいんだよな」というような、そういう奥深い友情みたいなものを作っていく。それは人間形成にとっても、とても大事なことです。

人間理解のようなこともあるわけですね。奥が深いですね。

コンピュータやゲームなどの世界で、自分のやりたいようにやっていくような世界が増えていくわけです。それはそれで面白いんだけど、それでも協同でやったほうが面白いという、そういう感性だけはしっかり育てたいですね。

どこまで登れるかな…？

事例　[ウ] 協同性

こども園あがた幼稚園①
オビッタあそび（杉材積み木）

どう作るか、意見を出し合う遊び

　飫肥藩の城下町である日南に育つ杉を飫肥杉といいます。そこで、地元で生育した飫肥杉の板から出来た積み木を「オビッタ」と名付けました。（おびすぎの板 → オビッタ）
　縦3cm、横15cm、厚さ1cmの板でフランス

優しく置かないと壊れるよ〜

産のカプラに似た形です。実はこのオビッタは、木造ホールを建築する時の廃材から生まれた積み木です。それが今では、地元の乳幼児施設の全施設で取り入れられ、多くの遊びを生み、たくさんの子どもたちの遊び道具として楽しく使われるようになりました※。これを5枚並べると正方形ができます。

このオビッタを使って仲間と共にテーマを持ち、思い思いの作品を作り上げることで達成感や充実感を得ている姿を目にします。各クラスにこのオビッタを置き、子どもたちが工夫しながら積み木遊びを楽しんでいます。

タワーのように高く積み上げ(左ページ写真参照)、時間を決めて誰が1番速く高く積み上げることが出来るかを競ったりもします。数名で取り組みますが、高く積み上げようとしては壊れ、また積んでは壊れ、という作業を繰り返しながら、木材の柔らかさや感触に自然と慣れ親しんでいるようです。高く積み上げるために椅子等の小道具を持ち込んだりする姿も見られます。協力して高く積み上げた後は、これをダイナミックに壊すのもこの遊びの醍醐味のようです。

オビッタの材質や感触に自然と親しみながら遊ぶ中で、自分たちでテーマをもって作品を作るようなりました。あるときは、「園庭のゆうき橋をつくろう」「ビオトープの生き物をつくろう」といった声が上がり、子どもたち同士で協力して何かを作ろう！ということになりました。高く積

※この遊びが子どもたちの間で広まり出した頃、行政も仲間に入り、県産材を利用した子どもたちの思考力を高める遊びの道具として市内すべての乳幼児施設に配布されました。そして、市内の就学前施設の職員を対象に、地元杉材の大切さについて講演が開かれ、実践活動の演習が行われました。保育者たちも、和やかな雰囲気の中で、大きな作品を協力して作る協働体験をしました。
地元杉材を使って学ぼうという気運が高まり、小学校では、1辺3.5cmのキューブが開発され、入学と同時に 1箱無償で支給され、小学校の授業でも活用されるようになりました。幼児期の遊びが小学校の学びへと接続されるようになりました。

最強のブリッジや！

み上げるためにはやはり足場が必要です。ホールの片隅にある大型ブロックを足してみます。一方では大量のオビッタを集めてくる係や、慎重にオビッタを重ねる子ども、手早く積み上げる子ども、思案する子ども、クレヨンで画用紙に絵を描いて貼る子ども、壊れないように修正する子どもなど、様々な個性が一緒になって同じ目的に向かってもの作りを始めました。

　作る途中の過程では、様々な性格が垣間見られます。たくさんのオビッタを使って作品を作るプロセスでは、違う性格の子どもたちがそれぞれの特性を生かし、自分なりの働きをして時間をかけながら各々のアイディアを出し合い、考え協力することが必要です。それぞれに違ったことをしているように見受けられますが、みんなひとつの目的に向かっての作業です。

　階段から作り始める子どももいれば、家の部分から作り始める子どももいます。一方、ツリーハウスの特徴的な橋の部分を作る子どももいてなかなか意見がまとまりません。しかし、作っていくうちに、みんな合体しよう！ということになり、それぞれをオビッタでつないでひとつの大きな作品に仕上がりました。

さらなる遊びの発展

　日常の車遊びが発展し、「オビッタで乗り物を作ろう」というテーマのもと保育参観が行われました。事前に保護者にもテーマを知らせたところ、ハンドルを持ち込んでくださった保護者がいらっしゃいました。

　「ドライブしたら楽しいよね！」という子どもの言葉をヒントに、保育者が撮影した移り変わる地域の風景をスクリーンに写し出し、自分たちで作ったオビッタ車に乗り、あたかも運転しているような気分です。車の中から撮影された映像がバックすると「ピッピー」と口でクラクションを鳴らす子どももいて笑いが起こりました。仲間で、そして家族で協力して作り上げる体験では色々な意見や知恵を出し合う場面があり、思いもつかないような発想や工夫が見られ楽しい活動ができました。

　また、映像を組み合わせることにより、日常的な風景の中に、地域性を感じながら遊ぶことができました。

こども園あがた幼稚園②
砂場あそび

高低差を活かし役割分担が必要な遊び

　砂場の中に木製の遊具があります。その遊具の中程にホースを取り付けました。ろうとを使い、ホースに水を流します。水を運ぶ子ども、流す子ども、合図をする子ども、その水と砂で形を作る子など、自分たちで役割を分担しながら活動が進

いくよー！

オッケー！

んでいきます。水を使って迷路を作ったり、大きな山を作ったりと、共通の目的に向かってそれぞれの役割を果たしながら協力して何かを作り上げようとします。

雨水タンクを活かし意見を出し合う

仲間と協同で、水や道具を使い、ユニークな水迷路づくりをしています。雨水タンクを利用したポンプで、水を出す係や、途中のトンネルで水を砂場へと導く係、その水を利用して砂場で水迷路やお城を作る係など、役割を分担して協同で活動を楽しんでいます。

雨水タンクは、使いすぎると水がすぐなくなります。効率よく使うために、水の量を調節したり、アイデアを出し合って工夫します。晴れの日が続くと水が出なくなるので、雨が降った翌日は大賑わいです。自然の恵みの水の大切さを、砂遊びで体験しながら学んでいるようです。

声を掛け合っての作業

熊本での地震の経験から水の大切さを感じ、川や池から水を汲み上げるためにポンプを開発しました。その簡易ポンプを利用して、5mの高さのツリーハウスまで水を汲み上げ、そこから青色と緑色に分けたホースへ水を流して2つの砂場に水を送っています。「今送って」や「あと少し」「はいストップ」「もっといっぱい、頑張れ」など、上と下で声を掛け合いながら楽しく作業を進めています。その作業から助け合う気持ちも感じ取っているようです。

もっともっと水を流してー！
あふれた！洪水だー！
水迷路、のばせー！！

④ [エ] 道徳性・規範意識の芽生え

「友達と様々な体験を重ねるなかで、して良いことや、悪いことがわかり、自分の行動を振り返ったり友達の気持ちに共感したり、相手の立場にたって行動するようになる。また、決まりを守る必要性がわかり、自分の気持ちを調整し、友達と折り合いをつけながら、決まりを作ったり守ったりするようになる」

小さなズルを重ねることで道徳を知る

4歳・5歳になってくると、「これ僕の！」「おれが鬼する！」「この間やったじゃん。だめ！おれが鬼！」というような主張をしますよね、「なになにちゃんと遊ぶと勝手なことされるから、遊んであげない」みたいなことが出てきますよね。自分から「これをやったらまずい」とか「自分だけ独占しちゃまずいな」ということが段々わかってくる。でも、そのためには一度つまずいてみることが必要です。

ですから、子どもがわがままを言っているなという時に、「だれだれチャン、だめでしょ」とすぐに言わない。「これどうやって乗り越えるんだろう」、いい体験しているな、と思って一歩退いてみる。

協同性の部分の「合意の形成」と同じですね。うまくいかないところを子どもたちがどう乗り越えるのか。うまくいかないというマイナスをどうにかして子どもの育ちというプラスに変えられるならば、これは本当にいい体験といえますね。

道徳的になるためには、人間は小さな不道徳を重ねることも必要なんですね。いきなり道徳的になどなれないんですよ。ちょっとズルをしてみたり、ちょっとワルをしてみたり。少し

だるまさんが…ころんだ！

どこかでくすねてみたりとかするわけですよ（笑）。それでちょっと良心が勇み続けながら、そうやって人間というものは小さな不道徳を重ねる中で、道徳が大事と思うようになる（笑）。

そのお話、何か人間的でとても共感します。ぼくも汐見先生ほどではないけれど、小さな不道徳をたくさん積んできましたから（笑）。

これは、大事なことです。子どもがいきなり品行方正な人間だったら逆におかしい。ちょっとズルをするとか、なになにチャンを無視するというようなことがあった時にね、そのこととキッチリと向き合わせてあげるというのかな。そういうトラブルがあったら、みんなで考えてみようとかね。そういうことをしながら「やはり勝手なことをしてはいけないな」ということを学ぶ。これこそがわかりやすい道徳教育なのではないでしょうか。

園庭のすみっこで…

道徳のベースは共感能力を豊かにすること

それから、もうひとつは、<u>道徳のベースはね、共感能力を豊かにすること</u>なのです。頭にきたらやっつける、というようなことをよくしますが、これは人間の中に攻撃本能があるからですよね。ですが、人間には他の動物にはないもうひとつの本能があります。それが共感本能です。どちらも本能で、条件次第で表出され形になりますし、そしてどちらも経験によって洗練されていきます。

　頭にきたらやっつける、という攻撃性ではなくて、困った時に助けてもらって共感されることの喜びをたくさん経験することで、人の困ったというような気持ちに共感して応答することが喜びになっていきます。そうした心の能力を私たちは道徳といっているんですね。保育では対立したような時に、「じゃ

あ、どうしたらいいのかなー？」なんて葛藤を冷静にくぐらせることが大事ですね。「じゃあ、○○ちゃんにはこういうものを作ってあげよう」とか、共感的な気持ちを形にしていく。そういうことを通じて、共感していくということが、とても気持ちのいいことなんだなとわかっていく。

あるいは、自分が惨めな思いをした時に「大丈夫だよ、○○ちゃん」って言われた時に「すごく嬉しかった」体験。そうやって共感してもらうことが、とてもありがたいことだとわかると、今度は、他の人に共感してあげようという気持ちになっていくわけです。

うまくいった時に、一緒に喜び合うという共感もある。良かった良かったと。でも、そういうのは、それほど人間の中に豊かなものを残さなくて、「面白かったね、楽しかったね」程度。でも、自分だけが惨め、あるいは○○ちゃんだけが惨めだった時に、その気持ちをわかって上手に励ますとか慰めるとか、そういう共感し合うありがたさがわかった時に、人間はより道徳的になっていくのだと思います。

「相手の立場にたって行動する・共感することによって」と指針・要領には書いてありますが、こういうことが、意識的に追求されるような保育にしていきたいですね。

ルールは守るだけではない、作るのも大事

決まりを守るというのも道徳ですが、社会が決めているルール、電車の中では大きな声で喋ってはいけないとか。そういう公共のルールは、わかろうがわかるまいが、やはり大事だと教えていかなくてはいけない。それができていなかったら、やはり、「○○ちゃん、今日は大きな声を出していたけれど、どうして？」と聞いてみる。「ああいうことをしたらね、迷惑している人がいるかもしれないよ」と教えてあげないといけない。

大人数でドッジボール

それはどういうことですか？

ルールはね、守るのと作るのと両方が大切だということです。自分たちのクラスでどういうルールをつくるのか。はじめから「こっちから先にやると決まっている」と先生が言うのではなくて、こっちから先にやったほうがいい、あっちから先にやってもいい、別にどっちからやってもいいというような時には、子どもたちに考えさせていく。ルールというのは、自分たちで考えて作っていく体験が必要だということです。それで、ルールがないと無秩序になってしまうんだよと。「僕達のクラスは、こっちからやって、次に、こっちをするようにしよう」。そういうことを、年中ぐらいになったら、子どもたちにどんどん考えさせていく。

　僕の知り合いの小学校一年生の担任の先生でね、「座席は自分たちで決めたほうがいい？」「それとも先生が決めたほうがいい？」と投げかけた先生がいるんです。それも新一年生に。

　そうしたら、「自分たちで決めたい」と。「じゃあ、どうやって決めるの？」と聞くと、「僕らが決めるから先生は見ていてね」と。そうすると、出てきた結論は、授業ごとに好きな席に座っていいということだったわけです。そうすると、みんな、苦手科目は後ろに座るようになった。そしたら授業がとてもやりやすくなったそうです。なぜならば、授業は、苦手意識を持っている後ろの子たちをめがけて進めればいいわけですから。

　そういうようなことをして、クラスを改造してみようと一年間取り組んだそうです。クラスは、自分たちが一番居たい場に変えようと。そうしたら子どもたち、教室のど真ん中にロッカーおいて、後ろが見えないようにした。何かあったら、子どもたちは後ろでコソコソやる。その先生、子どもはやはり、教師に見られたくない、見られない場所を欲しがってるんだ、ということがわかったっそうです。

　結局ね、子どもたちで工夫すればできるようなことは、できるだけ積極的に参加させていく。ただ、先生がどうしてもこれ

ゲームを作りながらルールも作る（敷地内の学童クラブにて）

は守ってほしい、というようなことがある時は、順をおって説明していく。そういう形でね、やはりルールが必要なのだということを、子どもたちに少しずつ理解してもらえるようにする。そういうことも、道徳性を育むことになるわけですよね。ですから、そのあたりを意識して、道徳的な存在にしていく努力を積み重ねてください。それが「エ」ですよね。

認定こども園あかみ幼稚園のエピソード

　ボーリングごっこが始まってからしばらくして、倒したピンの数だけメダルがもらえることになった。

　ある日、少々自己中心的なところのあるEは強引に「(ピンが6本しかないのに)7本倒したから、メダル7個ちょうだい」。それに対して、一緒にボーリングごっこをやっていたFたちからは「それはずるいよ」「どうして7個なの?」など、Eへの批判の発言が相次いだ。そこでそれらの批判を素直に聞き入れられないEは「ボーリング、やめる」と、室内の製作コーナーに移動し何かを作り始めた。

　しかし、日に日に楽しくなってきたボーリングごっこに未練のあるEは、Fたちの活気ある様子がとても気になるようで、何度もボーリングごっこの方を見る様子があった。そして思いつめたEは、自分からはFたちに気持ちを伝えられないので、担任の保育者に「やっぱりやりたい」と思いを打ち明けた。担任はEの気持ちは受け止めたものの、具体的な助け舟を出すことは控えた。Eと周りの子どもたちがどのように関わるか、見極めたかったからだ。しかしまだこの時期(5歳児の1

学期)、なかなか自力で問題解決できない子どもたちの様子に、担任はEに「メダル屋さんだったら入れてもらえるかも」と助言。そのアドバイスに従い、Eはメダルを作って賞品を出す担当になった。そしてその日は片付けの時間に。担任は、Eは明日どうするのかなと、翌日の遊びが楽しみであった。

　そして翌日。ボーリングごっこは朝から始まっていて、Eは昨日同様メダル屋さんの一員で遊びをスタート。しかし、何度もピンの片づけの所に行ったり、点数表を見に行ったりなど、その姿からはボーリングごっこをやりたい雰囲気が濃厚に醸し出されていた。

　そしてその後、担任が予想していなかった出来事が起きた。それはFがEの所に来て、「今日はやっていいよ。ピンは6本だからね。順番に並んでやってね。」と声をかけてきたのだ。担任は、FはEの素直に思いを言えない気持ちがわかるのかもしれない、と感じた。Fには、「自分がEの立場だったら、元々悪いのは自分だけれど辛いだろうな」という、ある種の共感があったのだろう。

事例 ［エ］道徳性・規範意識の芽生え

こども園あかみ幼稚園

ルールを守る・作る力の育ち
〜積木倒し

　毎年の運動会の種目であるわけではないのですが、本園の運動会には、「積木倒し」というオリジナルの競技があります。

　積木倒しは3クラスが同時に行います。各クラスの陣地（白線の丸で表してある）にいくつ積木が積めたかを競うものです。ちなみに、ここでいう積木とは、着色された発泡スチロールのことをいいます（写真）。はじめに示されるルールには2つあって、ひとつは積木を丸の中に積む、2つ目のルールは2つあるボールを相手の積木にあてて崩すことができる、というものです。子どもたちは、はじめは遊びとしてこの活動（競技）に取り組むので、あらかじめ決められているルールは不完全なルールです。そして問題が生じると、その都度、

話し合いをして新たなルールを付け加えていきます。

　当初から保育者が予測していた、活動の中で生じるであろう問題は、陣地（白線の丸）の中に入っていいのか、守る人は積木を押さえていいのか、崩れていない（積まれている）積木を取ってきていいのか、積木の初段は1個でなければいけないのか（2個でもいいのか）といったことです。

　予想通り、活動が始まって間もないころ、競技中にAが「崩れていない積木を持って行かれた」と訴えてきました。そこで保育者は活動の切れ目で子どもたちを集め、「困ったことがあったんだって」と話を切り出しました。すると、さっそくAは、「〇〇くんが、積んであるのを持って行っちゃった」。すると別な子どもが「手で崩した子もいたよ」と発言。その後のやり取りは次のようなものでした。

保育者：「崩れていない積木を持って行ったのは、ずるいと思ったんだよね」「それに、ボールでなくて手で崩すこともダメだと思ったんだね」

子ども（A）：「そうだよ」　Aに同調してうなずく子どもが数人

保育者：「でも困ったね…積んである積木をとってはダメとか、積木を手で倒すのはダメというルールはなかったよね」「みんなは、そういうルールにしたいのかな？」

複数の子ども：「そうしたい」

保育者：「みんなもそれでいいの？」

子どもたち：「いいよ、それがいい」

保育者：「（確認で）積んであるのを持って行っちゃ

ダメ、手で崩すこともダメ、でいいんだね」

子ども（H）：「そうそう、丸の中に入っちゃダメだから」「だから、崩したりとったりできないんだよ」

保育者：「ちょっと待って、もう一度確認ね…積んであるのを持って行っちゃダメ、手で崩すこともダメ、それに、丸の中に入るのもダメ、なのね」「今まで決めていなかったけど、これをルールにするということだね」

ほぼ全員の子ども：「そうだよ！」「それがいい」

※保育者は学年主任

　この日から一週間、積木倒しはおおむねこのルールで続きました。その間に各クラスでは、役割分担（積木を積む、守る、積木を取りに行く、ボールで相手の積木を倒す）を決めました。そしてその後役割分担したこともあって、積木を取りに行く担当の子どもから不満が出始めました。それは陣地（白線の丸）に入れないので、相手から積木をとれず、つまらなくなったという不満でした。

　ある日、競技中に、相手クラスから「丸に入っちゃダメ」と強く言われたCが、「怒られた！」と保育者に訴えてきました。以下、子どもたちのやり取りです。

保育者：「（問題に気付いてほしいので）強く言われちゃったんだね」

子ども（I）：「うん」

保育者：ここで子どもたちを集めて…「困ったことがあったんだって」

子ども（C）：「ひどい言い方で怒られた」

子ども（J）：「だってルールじゃん」
保育者：「そういうルール（丸の中に入らない）でよかったんだよね」
子ども（C）：「そう…」
保育者：「でも、とれないから丸に入ろうとしたんだね」
子ども（複数）：「でも、入っちゃダメって決めたじゃない」

　保育者（担任と学年主任、そしてサブの保育者）はそこで、即興の寸劇をした。それは、積んである積木を持っていかない、手で崩さない、丸の中に入らないという３つのルールでやるとどうなるのかを、子どもたちに分かりやすく見せるためのものだった。

保育者：「崩れているけどとれない！」（丸に入れないから）
子ども（K）：「とれないから、積木の数が変わらないよ」
保育者：「やっぱり、積木がとれた方がいいと思うの？」
子ども：「丸のなかに入れるようにした方がいい」「取れるから」（半々）
子ども：「元々のルール（丸の中に入らない）がいい」（半々）

④ ［エ］道徳性・規範意識の芽生え

保育者：「先生は両方の気持ちがわかるな―」「Kは、相手の積木をとった方がクラスごとの積木の数が変わって、勝ち負けが変わってくるから、その方が面白い！ってことだよね」「でも、前から決めたルールを守りたいっていう気持ちもわかるしな―」
子ども（L）：「じゃあ、こういうのは？」（丸に足は入らないで、膝をついて手を伸ばして積木をとる）
保育者：「丸には入らないけど、身体を伸ばして相手の積木がとれるってわけだね」
子ども（L）：「そう！」
子ども複数：「それなら、いいんじゃない！」「私もそれならいいと思う」（結構多数）

保育者：「じゃあ、Lのアイディアに賛成の人も多いけど、それでいいかダメなのか決められない人もいると思うので、次からためしでやってみる？」
子どもたち：「賛成！」（ほぼ全員）

＊保育者は学年主任

　保育者はLに助けられたと思いました。そして、まずはLの案を試してみるという合意が形成された下地に、集団の凝集性やクラスの出来事を他人事にしない雰囲気、遊びの中で培われたルールを守る・作るといった力の育ちを感じました。この力が今後、生活全体におよぶことが期待されます。

5 [オ] 社会生活との関わり

「社会生活の中で家族を大切にしようという気持ちを持つとともに、地域の身近な人と触れ合う中で人との様々な関わり方に気づき、相手の気持ちを考えて関わり、自分が役に立つ喜びを感じ、地域に親しみを持つようになる。また、園内外の様々な環境に関わる中で、遊びや生活に必要な情報を取り入れ、情報に基づき判断したり、情報を伝え合ったり、活用したりするなど、情報を役立てながら活動するようになるとともに、公共の施設を大切に利用するなどして、社会とのつながりなどを意識するようになる」

子どものいる場所が地域コミュニティ再生の場に

畑でファーム（p.48参照）の人たちと

こういうテーマが入ってきたことにはいくつかの背景があると思います。文部科学省だけではないのですけれども、地域包括型ケアづくりということが今政治のテーマになっています。要するに、高齢者がどんどん増えてきて、孤独なまま一人で生活している人があちこちにたくさんいる。そういう社会になっていくと、社会全体がぶつ切りになっていくのと同時に、医療費等もかさんでいきます。それは、どう考えても得策ではない。元気なお年寄りが地域の中で様々な役割を与えられて交わりあっている、そういう社会を作っていかないと、というのが、ある意味この国の死活問題としてあるわけです。

それはある意味で、壊れてしまった地域コミュニティを新たな形で再構築するということですね。

そうですね。それで、じゃあ、地域の中で高齢者や、子育て真っ最中の親たちが、ここに行くとね、何かいいことがあるよ、

いい場所だよ、ホッとするよ、あてにされるんだよね、とか、ここに行くと美味しいお茶が飲めるんだとか、親しい人がいつもいて、ぺちゃくちゃおしゃべりできるんだとか、そういう場所が必要なんですよね。

そういうのって、僕が育った昭和の頃にはたくさんありましたが、今は少ない。けれど単純に「昔はよかった」「かつてあった地域の教育力を高めろ」「昭和の時代に回帰しろ」などということはできませんから、地域コミュニティを新たな形で再構築しなければならないと思うんです。

その通りですよね。そのために、さしあたりは地域で子育てをしているお母さんたち子どもたちと高齢者をつなげるというのはどうだろうか。高齢者が来る場所を作る。高齢者が自分たちの居場所をもっていて、ここに来ると楽しい会話があったり、美味しいものが食べられたり、誰かの世話ができる。花壇の手入れは私の仕事なのよね、といったふうにいろいろ仕事がある。また、将来的には自分たちが食べる野菜は自分たちで作ろうなどという社会になっていくかもしれない。空いた畑もでてくるわけで、そこで畑を、ということですね。有機農法とか自然農法とかで野菜が作れたら、今度は、保育園・幼稚園・こども園の子どもたちに食べてもらうんだ、とか。そうやって、自分がやったことが形になる、喜んでもらえるということをやると、外に出て行きたくなります。そういう場所を作らないといけないということがテーマになってきています。それで、現状、さしあたり最もいい場所となるのが保育園、幼稚園、こども園、ということなのですね。

そうですね。子どもの居る施設が地域コミュニティ再生の場になる…。ぼくは保育園や幼稚園、そして認定こども園が、地域に向けた子育ての支援が法律で義務付けられているこれら園が、地域コミュニティ再生の拠点になれると考えています。

認定こども園あかみ幼稚園のプロジェクト

本園の全体的な計画の中に位置づけられているものに、「ファーム」という事業があります。現役を引退した地域の65歳以上の元気な高齢者と協働し、「農」を中心にした取り組みを行うというものです。現在4人のメンバーが中心になっていますが今後も人数を増やしていく方針です。ファームが関わる取り組みには、現在主に以下の2つがあります。

① 園庭内の畑で、園児及び保育者と協働し、ジャガイモとサツマイモを作る。

園庭内の畑には、裏山の雑木林の落ち葉を使って子どもと一緒に作った堆肥が入れられる。ここで美味しく育ったジャガイモとサツマイモはともに、保育の中で（例えば年長組が夏に園で宿泊する際に）使われる。

② 園外の畑で、「アグリプロジェクト」※1 の親子及び保育者と協働し、大豆と黒豆と小豆を作る。

園から少し離れた山裾にある畑で、天然由来のニームという資材を使った取り組みを行っている。ここでは、平成27年と28年の2年にわたり、イノシシや野ウサギ等の動物たちとのせめぎ合いが続いた。平成29年には、ファームの作戦会議で動物除けの柵の設置が決まり、そのおかげで今のところ動物による食害はない。有難いことに作物は順調に育っている。ここでできた大豆は、冬に行われる餅つきの際のきな粉になったり、地域のおばあちゃんたちによるグループ指導で行われる味噌作りに使われる。その他、黒豆はそのまま茹でて食べたり、小豆はやはり餅つきの時のあんこになったりする。

今後、収穫が増えたら、それら収穫物を園内の調理室に供給するといった取り組みを活性化していこうと考えています。一方、この取り組みでは、親でもない先生でもない地域の高齢者と子どもとが関わり、野菜のことや山や森のこと、動物たちのことなどを教えてもらいます。さらに、親や保育者たちは、ファームの高齢者たちから昭和の時代の地域コミュニティについて話を聞き、これからのコミュニティのあり方を模索する際のヒントをもらっています。

※1　アグリプロジェクト
「アグリプロジェクト」とは、親と保育者が任意で取り組む3つのプロジェクトのひとつ。「農」をめぐるもの。ちなみにこれ以外のプロジェクトは、ひとつが「アートプロジェクト」、もうひとつは「キベラプロジェクト」である。「キベラプロジェクト」は、ケニアの首都ナイロビにある巨大なスラム「キベラ」で学校を経営する早川千晶さんとつながり、異文化、貧困、格差、人権などを考える取り組み（『認定こども園がわかる本』(風鳴舎刊) 参照）。

「社会生活との関わり」が10の姿に掲げられているワケ

 地域コミュニティに子ども自身が出ていく。あるいは、子どもたちがいろいろな人達と触れ合う、お世話をしてもらう、お世話をしてあげる、そういうことを小さい頃からしていく。慣れていくということが、とても大事です、ということがここで強調されているわけですね。

　東京の江戸川区に江東園※2という社会福祉法人があるのですが、ここは、一階の入ったところの横が、高齢者のリハビリテーションセンターになっています。二階が養護老人ホームで三階が特養。全部同じ法人がやっている。そしてその一階にある保育園の特徴は、子どもたちの活動場所が、建物の全部だということ。つまり、特養の部屋に行ってもいいし、養護老人ホームに行ってもいい、リハビリルームに行ってもいい。どこに居るかがわかっていればいい。そうするとね、養護老人ホームのおじいちゃんやおばあちゃんがしょっちゅう保育所に来てくれてね、「○○ちゃん、ほら、折り紙やろう」とか色々教えてくれて。そういうことで、子どもたちはおじいちゃん・おばあちゃんのお世話になって育っていくのですね。

　こういった子どもたちが大きくなって高校生になった時、園長先生がアンケートをとったそうです。そうしたら、「僕らはお年寄りが電車に入ってきたら、体が勝手に動いて立ち上がります」「どうぞどうぞ、って席を立って声をかけます」って。でもね、「ほかの高校生は違うみたいだ。声もかけないし立ち上がりもしない」「これは小さい時におじいちゃん・おばあちゃんにお世話になったというのがどこかに残っているからだと思います」ということを言う人が多かったそうです。

 なるほど。体が勝手に動く…。

 だから、小さい時のこういう活動、体験をしておくことはもの

※2　江東園
養護老人ホーム、特別養護老人ホーム、老人短期入所、地域密着型認知症対応型通所介護等の事業を行う社会福祉法人。昭和37年に設立。おじいちゃん、おばあちゃんと子どもたちを「大家族」と位置づける。思いやりのある豊かな人間形成を保育方針に掲げている。子どもたちがおじいちゃん、おばあちゃんの死に直面することもあり、様々な経験を通して子どもたちが成長している。

（江東園提供）

すごく大事なことなんですね。そういう拠点として、園が大事な役割を果たしていく。

ここで出てくる「情報」とは何でしょう？

もうひとつ、この10の姿の文章には「情報」という言葉がたくさん出てきます。
　これ、このまま読んだら「子どもたちがコンピュータを使うんですか？」というようなお話になりそうですが。僕はこれをものすごく広義に解釈しています。学習指導要領の改定コンセプトの中に、「社会に開かれた教育課程」というのがあるのですが、それを反映しています。
　どういうことかというと、今までの学校教育というのは、社会に出た時、その社会の課題と上手に向き合うために、子どもの頃にこうした力を身につけておこうという論理があまりなかったんですよ。サラリーマンになる練習をしよう、というのが本音だったかもしれない。

確かにそうですね。

そうではなくて、子どもたちがこれから出ることになる社会から様々な問題を感じ取って見つけ、そしてそれを子どもたちにぶつけていく、そういうカリキュラムにしていくというのが大前提としてあるわけです。そう、つまり、ここでいうキーワードは「社会に開かれた教育課程」ということなのです。

「情報」を知らせてあげるということ

幼い頃から社会の様々な情報をきちんと知らせてあげるということが大事になる。例えば米子市の仁慈保幼園※3などは年長

※3　仁慈保幼園
1927年設立。鳥取県米子市にある認可保育園。プロジェクト型保育を行う。起伏のある園庭で日常的に自然に関わり、一つひとつの空間を目的別に使い分けて自発性が促されるような環境づくりを行っている。

5 ［オ］社会生活との関わり

のクラスにしょっちゅう新聞が貼ってある。

　それでね、「今日こんな事件があったの。みんな知ってる？」とか、深刻な事があった時も「大変だよね、みんなで祈ってあげようね」とか。または「こんなに嬉しいニュースがあった！」と言って、子どもたちに折に触れて知らせていくんですよ。僕ね、これはすごく大事なことだと思うのです。

　そういったことをするには、科学的な知識が必要なこともある。だけれども、「昨日おばあちゃんがナントカ賞をもらったんですって！」のようなことでもいいのです。「おじいちゃんが作ったいちごが、賞をもらったんだって！」「それでね、いちご一個もらっちゃったよー」「じゃ、今度おじいちゃんに来てもらおうか」とか。そうやって地域の人の情報をどんどん入れていく。あるいは、子どもたちが何かやる時に地域に向けて発信していく。"情報"とは、そういうことなのではないか、と私は解釈しています。

（仁慈保幼園提供）

COLUMN

仁慈保幼園の新聞
令和について

　新元号の「令和」が発表された翌日、「れいわ」という響きが「れい」という弟の名前と似ていることから新元号のニュースに興味を持ったSちゃん。「令和って漢字で書く」と興味を持ったため、新元号の記事が載っている新聞紙を用意すると、「令和だ！」と喜び、部屋に飾ることにする。保育士と相談して好きな色の画用紙を選び、得意の折り紙と一緒に飾る。集まりで紹介すると、「テレビで見た！」「家にも令和の新聞あるかも」と、他の子ども達も盛り上がる。翌日、「令和あった」と自宅から新聞を持ってきたE君。「青に貼りたい」と青い画用紙を選んで貼り、余白に絵の具でお絵描きをする。その後も「令和、テレビで見た」と話す子どもがいたり、令和の記事をSちゃんがさらに貼り足したり、「令和」と字を書きたがる子どもがいたりと、元号の話自体はまだ難しいようだが、「令和」探しで盛り上がっている。

PART 1　10の姿　051

事例 [オ] 社会生活との関わり

泥遊びは楽しいね！

こども園さざなみの森

お米づくり※で地域と関わる1年

　春、子どもたちのお米づくりは、田んぼでの泥遊びから始まります。かつては牛が田んぼを耕していたという話なども聞きながら、大地を感じながらお米づくりへと移っていきます。お米づくりは田植えから始まりますが、近年では、田植えまでの期間に農家の方が準備してくださる苗床を、園庭

※10年ほど前から近隣の田んぼをお借りして、年長の子どもたちを中心にお米づくりに取り組んでいます。
田んぼの世話は、基本的には経験のある農家の方に一年を通して面倒を見ていただいており、子どもたちは田植えや稲刈りなど、節目の作業に手ほどきを受けながら参加し、田んぼとともに1年を過ごします。田んぼをきっかけにしながら、地域の様々な方と継続的に関わる機会になっています。
また、園舎は田植えをした田んぼを見渡せる場所に建っており、子どもたちは自分が関わっている田んぼを含む、里山の風景全体を見渡しながら日常を過ごしています。地域の自然や風景、地域の人々の営みと関わりながら、その大きなつながりの中に自分の生活があることを感じられる場所になっています。

5 [オ] 社会生活との関わり

こうやって
植えるんだよ。

かえる、
見つけた！

ついてのお話を聴く日もあります。子どもたちは興味津々です。

　田んぼ以外にも、近くの農家のヤギや鶏を見せてもらいに行くこともあります。道すがら、仲良くなった方と挨拶を交わしたりお話をしたり。お膳立てされたのではない、何気ない自然な会話の喜びを経験できます。こうして、地域に出かけていくことをきっかけに、農家や、地域の住民の方々との交流が自然に広がります。

　秋になって案山子をつくる時には、農家の方が用意した稲わらと、自分たちで切りに行った竹を使います。こうしたひとつずつの営みが、里山の風景の循環のなかで経験されていくことを大切にしています。

　いよいよ稲刈りの日。当日は、お休みをとって

かかしも
作ったよ！

の一角に設け、それを見ながら過ごしています。

　5月、田んぼの一角を、子どもたちが手植えします（残りは農家の方が機械植え）。一部の保護者の協力も得ながら、農家、保護者、園スタッフなどに囲まれての作業となります。田植えが終われば、たびたび田んぼの様子を見に田んぼにお散歩に行きます。地域の方と出会い、挨拶をしたり、お話をする機会となり、ときには親しくなったおばあちゃんが、園に野菜を届けてくれたりすることもあります。

　田んぼへの散歩は、オタマジャクシやカエル、トンボ、里山の生き物との出会いの時間でもあります。元保護者でもある大学の先生に、カエルに

PART 1 10の姿 053

駆けつける保護者もいて、農家の指導のもと、みんなで楽しんで参加します。農家の方と保護者の会話のような、大人と大人のコミュニケーションを隣で見ることも、大切な社会経験となるのではないでしょうか。

刈り取った稲は、天日干ししてから脱穀します。地域にある足踏み式の脱穀機で行います。歴史資料館でみるものではなく、実際に動いて、自分たちのお米を脱穀してくれる様子には感動します。最後には、みんなで園庭で火を起こし、新米を羽釜で炊いて食べます。1年間の様々な人や自然との関わりを感じる時間です。

ちなみに、稲刈りの時期は、一年間指導してくれた農家の方の新米を、園でスーパーよりも安く買うことができるようになっています。大人たちが労働を交換して、地域の社会が成り立つ様子を見ながら過ごすことも子どもたちの社会生活として意味深いものと考えます。

054　10の姿で保育の質を高める本

⑤ ［オ］社会生活との関わり

**お米作りだけではない、
地域とのつながりの様々な形**

　子どもたちが日常で経験するのは、農家との関わりだけではありません。こども園には、いろいろな地域の人が集まって来てくれます。おばあちゃんたちが"むかし遊び"を教えたいと訪ねてくれたり、農家が野菜を持ってきて売る姿もあります。最近では、移動する魚屋さん、豆腐屋さんも訪れてくれています。
　お母さんたちがお店の人と会話をしながら買い物をする、その隣で井戸端会議が始まる…。子どもと地域の人との関わりだけでなく、地域の人同士のコミュニケーションが生まれる状況を大切に思っています。園の前にあるひらけた駐車場スペースといった空間的要因も大きいのでしょうが、人とのつながりや、ちょっとした会話から、興味や関心に基づいてどんどん人が出会い、交流を楽しむ気風が生まれることが重要だと考えます。
　子どもたちの社会生活は、地域の社会の大人たちの豊かな交流があってこそ。そしてまた、その大人たちの交流のきっかけをつくっているのは子どもでもあります。地域の暮らしを大切に、様々な人を繋ぎ、交流の拠点になるようなこども園像が、子どもたちの成長を支えられたらと願っています。

PART 1　10の姿　055

❻ [カ] 思考力の芽生え

「身近な事象に積極的に関わるなかで、ものの性質や仕組みなどを感じ取ったり気づいたり、考えたり、予想したり、工夫する中で多様な関わりを楽しめる。また、友達の様々な考えに触れる中で、自分と異なる考えに気づき、自ら判断して考えようとする新しい考え方を生み出す。喜びながら自分の考えをより強く持つようになる」

子どもの心の内面を読み取る

ボーリング場のレーン作り

以前から「遊びを通じた総合的指導」といわれていましたよね。それで写真を見ながら、今この写真の中で、「子どもたちは何を体験しているのでしょう？あてましょう」というような練習をするところも出てきた。

例えば、坂道で何かをころころと転がす遊びがあるとします。これは子どもたちは何をしているのでしょう、答えはいろいろです。どうやったら一番器用に転がせられるか、こっちに来た時にどこまで跳ねあがるか？、高さはその角度でいいのだろうかといった様々な実験をやっているのですよね。転がる速さが最も早くなるのはどれ？とか。いろいろ試すわけですよね。

子ども理解というか、子どもの心の内面を読み取る、あるいは解釈する、ということですね。

工夫、発見、実験から思考力が芽生える

そう、そこでね、もっと速くするためにはどうしたらよいか、

もっときれいにするためにはどうしたらよいか、もっと飛ばすためには、もっとかっこよくするためにはどうしたらいいか、とか、遊びとはそういうところから始まるわけですね。目標が出てくると、子どもたちは必死に工夫をします。その工夫の中に、科学的な思考への芽生えとか、発見だとか、比較する、実験する、それを友達に言葉で伝える、アイデアが違った時に違うって言うけれど、喧嘩にならないようにするとか。様々な知的、感情的な操作というのが必要になってくるわけですね。興味深い遊びを持続させる。

　例えば、埼玉県のあんず幼稚園[※1]でこんな実践があります。透明の屋根があって雨が降って水が溜まっていたわけ。そしたら、ある時刻になったら太陽が当たって床に虹ができる。プリズム効果でね。それでね。「あー!」っていってみんなが見る。「どうしてできるの?」「水があるからできるんじゃないの?」となって実験を始めるんですよ。「ガラスでこうやったらできない?」とか子どもたちが意見をワイワイ言って。やがて本当にプリズムができるんですよ。

プリズムのお話し、僕も聞いたことがあります。結構何日も続いたプロジェクトですよね。確かにそこには、工夫とか、発見とか、実験などにもとづいた、思考への芽生えがありますね。

もっときれいにするにはどうしたら良いか、これを写真にとってナントカしようとか、そういうのがずっと毎日続いていく。ちょっとした科学の芽を含んでいるような体験を「もっと面白くしよう!」と、上手に誘ってあげると子どもたちもノッてきて、面白いアイデアをどんどん出してくるんですよね。そうなるともう大人は勝てない。

そこでの保育者の役割も、非常に大切ですね。

※1　あんず幼稚園
1991年4月、埼玉県入間市に無認可園として設立。2001年4月、「学校法人アプリコット学園あんず幼稚園」として再スタート。

　設立初期より、定員200名を10〜12クラスに編成する少人数制保育を実施。「子どもを中心に、親も保育者もともに楽しみながら成長しよう」をモットーにしている。あんず幼稚園の実践記録をまとめた本に、「好奇心が育む学びの世界〜実験、発見、遊びの中のサイエンス」汐見稔幸解説・利根川彰博著(風鳴舎刊)がある。

保育を工夫していく

🧑 そういうようなことをね、ことのほか大事にしようということですね。その時に、その子どもたちの言葉をよく記録しておいてね、「この子はこういう風に考えていたんじゃないのかな？」とか「○○ちゃんのアイデアって、ひとつ上をいくよね。将来にかならず活きてくるよー」とか。あと「○○ちゃんはあんまり参加できてなかったんだよな」「どうしていったらいい？と聞いてみよう」とか。保育者自身が子どもの言動を素材に総括をするとでもいいましょうか。それで、保育を工夫するアイデアを練っていくわけです。

🧑 一つひとつのことを丁寧に振り返ることは非常に大切ですよね。そのための記録（ドキュメント）がまた、大切になってくる。

🧑 そうすることを通じて、遊びを発展させようとか、もっときれいにやってみよう、となったら、そこには科学や芸術の芽がたくさん出てくるわけです。

🧑 そうですね。日々の保育の忙しさに負けずに。もちろん保育者たちの働き方も考えなくてはならないけれど、まず保育者の意識として、汐見先生がおっしゃるように、一つひとつの場面を大切にしたいですね。

子どもたちがやっていることを一般化してあげる

🧑 そうしてほしいですね。つまり、子どもたちは毎日たくさん考えていますよ、たくさんアイデアを出してますよ、となるようにね。そういうプロセスの中で、「○○ちゃん、今日はどういうふうにやったの？じゃあ、それ説明してあげて」。「じゃあ、

焼いたら大きくなる？ 小さくなる？

こういう時は、こういう風にしたらいいってことか！」などと、一般化した知識に少し高めてあげる。そうすると子どもたちは覚えていきやすいです。一般化するということも大事ですね。「今日のアレは、一言で言うとどういうことなんだ？けんちゃん」などと言ってもいいですよね。「こういう時はこうしたらできるんだね。よーし、じゃあ、今日はこれでおしまい！」と毎日こんなことをやったら、ものすごい力になっていくと思うんですよね。

焼き物

　認定こども園あかみ幼稚園の敷地内には、焼き物を焼く窯がある。

　ここでは地域の焼き物サークルがサポートしてくれることで可能になる"窯たき"が、三日三晩通して行われる。この時、保育者がちょっとしたきっかけを与えるだけで、子ども達は多くの疑問や気づきを得るようになる。例えば、焼いたら作品は大きくなるのか小さくなるのか？焼くとどうして光るのか？（灰が溶けて自然の釉薬になる）。さらに、火が入っている窯を見て、何で火は白いのか？焼けた窯の背中から火が出たり引っ込んだりするのはなぜなのか？（薪をくべるタイミングを見るための炎）、最後の日にどうやって火を止めるのか？（水をかけるのか？）などなど…。

　保育者は子どもたちのつぶやきを丁寧に拾いながら、例えば「それってどういうこと？」「○○ってことなのかな」「みんなにも聞いてみたら？」といった対話のきっかけを作る。さらに、このようなやり取りが発展し、時には自分の家に帰って親に聞いたり一緒に調べたりすることも。そしてわかったことを園で友だちに伝える。三日三晩の"窯たき"は子ども達にとって、大きな実験の時間にもなっている。

事例 [カ] 思考力の芽生え

こども園あがた幼稚園

太陽の光を活かした遊び

　〇□△などの形に切り取ったセロファンを窓ガラスに貼り、光が差して色が床に映し出される様子を子どもたちと観察してみます。床に映った形を小さな手のひらで押さえたり、握ろうとしたり、あるいは消そうとしても消えない不思議さに飽きることなく食い入ったように見つめています。

　「お外が青く見えるね」「ここではどうかな?」とセロファンを通して外をのぞいてみます。みどりや黄色のセロファンを通して外の景色が違って見えることが楽しいようです。

　「まあるいね、あーお」と丸い形を指差しながら保育者が言うと、子どもも真似をして「あーあー」と言いながら指で押さえたりつかもうとします。

　太陽に雲がかかり日が弱くなると今まで映っ

6 [カ] 思考力の芽生え

ていた色がうすくなりました。再び日が差し、色が明るくなると嬉しそうな表情を見せます。不思議な色の変化を楽しんでいます。

トレース台を活かした遊び

4・5歳児になるとトレース台（製図用照明）を利用し、様々な形や模様、車や人などの物を作ったり、あるいは複数の色を重ねてその色の変化を楽しんだりします。時には葉っぱをのせて葉脈を観察したりして、遊びがさらに広がります。肉眼では見えにくいものが見える事を知り、ほおずきの殻をみたらどうなるかな、自分の手は映し出せないのかな、など、会話も膨らみ興味が広がります。

ICTを生かした遊び～拡大カメラで興味津々

拡大カメラ（教材提示装置）は動植物の観察には効果的です。植物や生物を観察する時の子どもたちの輝いた表情はとても印象的です。梅雨の時期に、子どもたちがカタツムリを飼いたいと言ってきました。そこで、上下や四方から観察できるように透明のケースを作り、その中で飼育してみました。目新しいケースの登場に、早速子どもたちは透明ケースの下に潜り込み、カタツムリが進む時の動きや、物を食べる時の口の動きを興味深く観察していました。数日後、カタツムリの周りでは、うずまき状の絵を描く子どもや粘土をもってきてカタツムリを形造る様子も見られました。

そこで、拡大カメラを活用してカタツムリを見

色が
キレイだな〜

ねぇ、
あれお口じゃない？

PART 1 ・・・・・ 10の姿 ・・・・・ 061

目がのびてきた！
すごーい！！

ることにしました。そうすると、モゴモゴとした口の動きや、排せつの様子もはっきりと見ることができました。人参を餌にすると数日後はオレンジ色のうんちをすることや、餌がキュウリの場合は緑色のうんちになることも発見しました。次はトマトを餌にしたら赤いうんちになるかもしれない！と、予想をたてて調理室に餌をもらいに行く子どもも出てきました。発見に驚き、体験から推察する姿も見られました。発見の喜びに嬉々とした表情を子どもたちは見せてくれます。まさに発見は感動に支えられた手ごたえのある学びであると感じます。

　夏はセミやトンボやトカゲ、秋は紅葉した葉っぱ等、次々と園庭から見つけては様々な動植物の観察にいとまがありません。興味を持ったことはとことん見たい、知りたいという欲求が自ずと湧いてくると感じます。知識を与えることよりも、興味をもって自ら知りたいと思った時の子どもたちの行動力と観察力にはめざましいものがあります。これが学ぶ力になっていると思います。

iPadで雰囲気作り

　恐竜に興味を持つ子どもが多くいます。それに関する絵本や図鑑を置くと、色々な恐竜の名前を覚えたり、「この恐竜が強そうだ」「この恐竜がかっこいい」など、益々興味を持つようになりました。そこで、子どもたちの要望に応えて、保育室の一角に緑のマットを敷き、壁には人工リーフを貼り、観葉植物等を置いて様々な種類の恐竜を置き、「恐竜コーナー」を作りました。

　3・4歳児は、戦いごっこをしたりすることが多くあります。5歳児ともなると、木を生やしたり、集落を作ったり、川を作るなど、恐竜の住む環境を考えるようになりました。このコーナーに置いてある恐竜図鑑から様々な知識を得たようです。そして、恐竜の食べ物の好みを考えるよう

恐竜コーナーだよ！

6 [カ] 思考力の芽生え

になりました。恐竜は植物が好きなのか、他の動物を食べたりするのかを調べるようになりました。調べた結果で、草食類は緑の文字、肉食類は赤い文字、で色分けして恐竜の名前を張り、誰もがわかるようにしました。

さらに、恐竜の環境をリアルにしていくために、絵を描いて恐竜の時代の雰囲気を作っていきました。そうすると、子どもたちはますます恐竜の世界にのめり込んでいくようになりました。

この盛り上がりをさらに…

この盛り上がりを高めていくために、保育者がiPadで「火山の動画」を検索すると、爆発する火山の様子や溶岩が流れていく動画が数多くあり、それをプロジェクターで写してみました。そうす

噴火した！
逃げろー!!

えさを探しに行こう！

ることにより、「恐竜コーナー」が臨場感あふれるコーナーへと進化していきました。子どもたちは恐竜の時代に自分たちがいるかのようにさらに夢中になりました。

iPadをプロジェクターにつなぐと、簡単に様々な場面を映し出すことが可能になります。電車コーナーでは、電車や新幹線が走る様子を外からまたは車内から写し出したり、飛行機コーナーでは、空港での飛行機や飛び立つシーンなどの映像を写し出したり、「海のコーナー」では、きれいな海や海中で魚が泳いでいる映像、「積み木コーナー」では、様々なビルが建ち並ぶ映像など、普段体験することが少ない環境でも、その場にいるような体感空間となり、子どもたちの想像力も豊かになります。その想像力が、その子の未来を切り開いていくと感じています。

7 ［キ］自然との関わり・生命尊重

「自然に触れて感動する体験を通して自然の変化を感じ取り、好奇心や探究心を持って考え、言葉などで表現しながら、身近な事象への関心が高まるとともに、自然への愛情や畏敬の念をもつようになる。また、身近な動植物に心を動かされる中で、生命の不思議さや尊さに気づき、身近な動植物への接し方を考え、命あるものと労り大切にする気持ちをもって関わるようになる」

木火土金水（もっかどごんすい）?!

今の子どもたちの育ちの中で、昔と違ってきていることのひとつに、生の自然と日常的に触れて生活することが少なくなったということがあると思います。あかみ幼稚園のように、周りに豊かな自然があるところは、東京あたりでは少ないですからね。都市化というのは、自然にないものを作り出すことですから、便利ではあるけれど逆に不便さや偶然性があまりない環境になっていきます。例えば都市の空間というのは基本平らですよね。しかし、草はらや里山に入るとまったく平らなところはないわけです。坂道を登ったり下ったりしながら生活していく。そしてそれをやることによって体がしなやかになっていくわけです。普段使わないけれど、昔から人類が使ってきたような筋肉を使っていくわけです。そうすると、あちこちの筋肉が都会で暮らすよりもバランスよく活性化されていって、身体が「健康」になっていきますよね。体の育ちをみるだけでも、自然の中で過ごすのはとても意味のある大きいことだと思います。

自然には直線がないって、よく言われますね。それが、しなやかさとかバランスというものに関係してくると。でも、いま田舎にいて感じるのは、都会の人たちの方が、ある意味飢えている

園の畑に手作りのカンバン

⑦［キ］自然との関わり・生命尊重

からかな、自然に関わることに熱心だということです。田舎の人は、ある意味当たり前すぎて、自然に対して無関心といえます。川も橋を車で渡るから見ていない。実際に河原に降りてみると、川が恐ろしいくらい汚れているのに気が付きます。そして実際に山に入ってみると、昔あった道が消えかかっていたり、間伐がされていなかったり、葛などの蔓系の植物に占領されていたりして、山が荒れているのに気付きます。

なるほどねぇ。そうかもしれないですね。自然の中に入ると、堅い、柔らかい、匂いがする。「え！冷たい」とか「ここ涼しい！」とか、風が気持ちいいとか、五感が活性化されますね。「気持ちいいから裸足になろうよ」とか。「水に入ろう！ばちゃばちゃばちゃ」とか「先生、気持ちいい！」とかね。それらはすべて五感を活性化する活動になります。脳の中でぴかぴか光っているとでも言いましょうか。「やっぱり手で作ったほうが、気持ちが良いよ」とか「そっと持ってあげて」とか、そういった感性が出てくるわけです。それはものを大切にすることなどにも直結していくわけですよ。

そうですね。

あとね、花を摘むというのと引きちぎるっていうのは全く違うわけです。よもぎの葉っぱを摘んでおいで、といった時、摘んでくるのとむしって来るのとでは全く意味が異なる。そういう、こう、植物に対する接し方、機微みたいなものを、自然に接していると知らない間に覚えていく。

うーん、確かに、摘むとちぎるの違い…その違いは大きい。

で、それは、すべて、自然をもっと大切にしていかないといけないな、っと思うような気持ちに発酵していくわけです。変に教育しなくても。ですから、これからの子どもたちは、あらゆ

サクサク、パラパラ…

PART1 ……10の姿…… 065

るチャンスを見つけて、あえて自然と触れ合うことを増やしていかないといけない。木火土金水（もっかどごんすい）という要素ですね、曜日はすべて自然ですから（笑）。その体験を楽しくさせてあげればいいわけですよね。

🧑 そうですね。都会とか田舎とか関係なく、子どもの育ちにとって自然は必要不可欠なものですね。でも、木火土金水（もっかどごんすい）!?

👨 自然と関わるということ、いろいろな体験をするということは、それ自体が子どもの中に感性を開いていくんですよ。ですから都会だからできないというのではなくてね、僕は曜日の体験をしっかりとしていくことが大事だって言っているのですけれども。晴れた日は、「お日様のあるところは暖かいね、日陰とどうして違うんだろう。」夜だったらお月様を見てね、「お月様見てどうだったか教えて？」とかね、「だんだん小さくなっていったけどどうしてだろうね」とか、「お月様の中に何か見えた？」とかね。実際、いろいろなことに関心がいきますよね。「今日の雲みてー!」とか、「こういうのが夕焼けっていうんだよ」とか。普段気にしていないけれども、よく観察してみたら面白いものが、日常の中にはたくさんあります。

　火曜日、火曜といえば火ですね、本当はどこかで子どもたちに火を体験させてあげたいのですけれど、都会では難しい。水（すい）は水の体験で、ともかくいろいろな水体験をしてもらいたい。水を撒くとか、あるいは、川に入ってみるとか、海に入ってみるとか。あとは、ホースで霧を作って遊ぶとか。いろんな水体験は都会でもできますよね。

　それから木（もく）というのは木ですから、これはね、実際その辺の木でも、「実のなる木はどれかな？」でもいいし、木を素材にしていろいろなものを作って遊ぶとか、公園の木に登って遊ぶとか。葉っぱを集めてきて何かをつくるとか。紅葉を集めてきてコラージュを創るとか。それから、植物ですよね、植物

葉っぱのコラージュ
出典：「造形あそび」深谷ベルタ著、2018年（風鳴舎）より

を育ててみる。プランター農業をやってみるというのもそれですよね。

　金（きん）というのは、文明という意味なので、これはもう普段の日常ということ。土（ど）というのは土ですよね。土でトンネルを作ろうとか。どんなものでもいろいろ遊べるわけですから、そういうことを心がけていくとね、都会の子どもたちでも豊かに自然を感じることはできるわけです。ただ、時々は大きな自然の中に連れていくとか、そういうことも心がけてやってほしいですね。

まさに、木火土金水（もっかどごんすい）ですね。これはもともと古代中国の哲学用語ですか？これを保育の「自然との関わり・生命尊重」に生かすとは、さすが！ですね。

中国で昔から言われていた世界は5つの要素の複合体という考え方ですね。五行説といいますけれど、それと陰陽という2元素説（ゾロアスター教）とくっついて7つの曜日ができているんです。それと自然というのは怖いものでもあるわけです。直接怖さに出会わせる必要はないかもしれませんが、自然をなめてかかると、やっぱり怖いんだよということをね、子どもたちに感じ取らせる。

その感覚って、自然の持つ両義性ですよね。綺麗で人に恩恵をもたらすけれど、災害などの怖さもあるという。ある意味アジア的です。僕はその感覚の中で保育をしたい。そこに自然との関わり方の真髄があると思うからです。

そうですね。自然は本当にきれいなものだけれども、油断すると怖い。雪の雪崩で命を落とす人もいる、そういったことを子どもたちに教えてあげなくてはならない。雪はきれいだけれど、こういうところに行くと危ない、そういう自然の凄さ。うちの息子が満天の星空を八ヶ岳で見た時に、今でも覚えている

大きく育ってね

泥ドロドロ…

のですが、「なんか怖い」という言い方をしていて、なるほどなと思ったんですよね。降り注ぐような星をそれまでには見たこともなくて、ほかに言葉がなかったから、「怖い」という言い方をしたのだと思いますが。自然はとてもきれいだけれど、自分たちを超えた、何か、すごいものがあるというか畏敬の念を持つということはそういうことですよね。自然の怖さを感じるということ。

僕も星空を怖いと感じたことがありました。学生時代に、山岳部だったのですが、剣岳の夏合宿の時、星座がわからないくらい夜空に星がたくさんあって、この世のものとは思えなかった…怖かったですね。

教材の宝庫「自然」と、保育者の役割

なるほどねぇ。それから、最近やらなくなっているけれど昆虫採集をやるとかね、何か自然のものを育ててみるとか、カブトムシでもいいのですが、自然にあるものを増やしたい、調べてみたい、ちょうはどうやって蛹から変わっていくのか、オタマジャクシはどうやって蛙になるのか、観察してみたいと先生自身が思うことも、ひょっとしたら、大事な教育なのかもしれないと感じてもらえたらいいですね。

子どもの時、クワガタ、僕の所ではオニムシというのですが、よく集めましたね。集めただけでしたが、でも結果的にクワガタの性質ですとか、クワガタの居る雑木林の匂いというのがわかるようになったんですよね。

そうですか、匂い。実は、日常には、そういうものが溢れているんですよね。必要な図鑑をちょっと置いておいてあげるというのもいいですね。子どもの中には恐竜の名前を全部覚えてし

[参考]
「森と自然を活用した保育・幼児教育ガイドブック」国土緑化推進機構編、2018年（風鳴舎）に、森や自然を活用して保育を充実させている全国の都道府県や団体の事例が載っている。

風を感じて…

まう子どももいるでしょう。園でやっている小さい畑の中で、こういうものが出てきたよ、「これってなに？」「調べてみよう」とか。いちごを作ってみて「でっかいいちごをつくるにはどうしたらいいのか？」「じゃあお百姓さんに聞いてみよう」とか。保育者が、子どもたちのいろいろな興味や関心を受けて、少しだけ先に進めてあげると、子どもは驚いてびっくりして、そして何かを始めるのです。そういう意味で、自然は教材の宝庫でもあるわけです。

ここでもやはり大人や、保育者の役割が重要になってきますね。

そういう視点で、あえて子どもを自然と出会わせる。つまり、科学の方向、芸術の方向、それらをすべて内包しているのが自然です。だけれども、そういう方向に進むんじゃないかな、という保育者の眼差しがなければ、それはそこで止まってしまう。保育者の力量がかなり問われます。保育者次第です。子どもには元々そういった芽はたくさんある。それを上手に引き出していけるかどうかです。動物を飼うということももちろんそうです。ぜひ各園でやってみてほしいですね。

事例 ［キ］自然との関わり・生命尊重

向山こども園

生き物と主体的に関わる

　雌の羊は、総じて気性が穏やかで、飼い方が比較的難しくないため、子どもたちと一緒に世話をする大型の哺乳類動物として適しています。

　本園の羊は毎日子どもたちがお世話をしますが、そのお世話は、餌やりや排せつ物の掃除を当番で行うというものではありません。子どもたちと一緒に、春先から秋にかけて、羊たちをほぼ毎日散歩させるというお世話です。

　冬の間、羊たちは乾燥牧草を食べて生活します。春になり、草花が芽吹いて少したってから始めるお散歩は、羊たちにとっては待ちに待った日々です。そのため、特に小屋に帰る時には羊たちは簡単には言うことを聞いてくれません。

　まず、草場から移動させるのに一苦労します。「サニー　もう帰る時間だよ？」と語りかけてみたり、おしりを押してみたり、大好きな野菜を手押し車に入れて誘ってみたり…と、子どもたちは

7 ［キ］自然との関わり・生命尊重

帰る時間だよー！

試行錯誤を繰り返していきます。

動物本来の姿に触れる

　大人も子どもも、羊はフワフワしていておとなしい生き物というイメージを持っていますが、そんなことはありません。短時間しかご飯を食べていないのに無理やり押すなどの嫌なことをすれば、時に頭突きをされることもあります。また、走ると大人が本気で走っても追いつくか追いつかないかのスピードで走り、高さ1mの柵も助走なしで軽々と飛び越えることもあります。大人が作り出したイメージで柵越しにかかわるのではなく、生き物本来の姿に触れ、毎日関わることが、ありのままの命に触れ、本当の意味で生き物を理解し、畏敬の念を持って関わることにつながっていくのではないでしょうか。

生き物の気持ちになってみるということ

　動植物との関わりの中では、命そのものと向き合う場面が多々あります。

　ダンゴ虫を大量に捕まえておうちに持って帰る低年齢の子どもたちから、徐々に「捕まえにくい生き物」や「珍しい生き物」を捕まえ飼うことに興味が移っていく高年齢の子どもたちまで、命に触れる機会の中でその存在感や生き物への理解は様々です。

　羊やウサギ、鶏などが持っている本来の能力を目の当たりにすることで子どもたちが感じられる「命」もありますが、自分たちが捕まえてきた生き物から「命」を感じることもたくさんあります。

　年長の子どもたちが熱中していたのはカナヘビを捕まえること。

　カナヘビは、発見することも難しく、発見しても捕まえるのはさらに難しい生き物。大きなカナヘビを持っていることは、子どもたちにとってもステータスとなります。ところが、ただ捕まえるだけになりつつあったカナヘビは、徐々に弱り、死んでしまいます。このことについて、年長の担任が子どもたちと話し合いを持ちました。

T　「死んでしまってもいい？」
C　「かわいそう」
T　「どうしたらいい？」
C　「ちゃんと飼ってお世話する」

と言葉では言うものの、その後が続かない子どもたち。

　そこで、大きな水槽や土や石、本や霧吹きなどを用意して、カナヘビを飼うことが遊びとして継続できる環境を用意してみました。すると、自分たちがやることの具体的なイメージがわいた子どもたちは、おうちづくりに熱中したり、えさになるクモを捕まえに行ったりと、カナヘビにとって生きやすい環境を自分たちで学び始めました。

　生き物の気持ちになってみたくなる環境作りが、子どもと命との関係を変化させた出来事でした。

羊の誕生と鶏の死

　子どもたちが命を強く感じる瞬間や、子どもたちと命について話題にあがるのは、生と死が大きく動く時のように感じます。

　園では、動物の気性の関係で雌の羊のみを飼っていますが、秋にオスの羊を借りてきて種付けをして、春に赤ちゃんが生まれた年がありました。子どもたちは生まれたばかりの羊を食い入るように見ます。胎盤の匂いに顔をしかめたり、お乳を飲んだかどうか？で、大人も子どもも一喜一憂したりしています。

　逆に、鶏と遊んでいた子が、木の上に鶏を連れていきそこから飛ばせようと離して、うまく着地できず、その後弱って死んでしまったことがありました。

　ところが、結果として殺してしまった子は、「寝ているだけだよ？」「(目が明いているのを見て)ほら生きているよ？」と、死を受け入れにくい様子がありました。

　このことをクラス全体に話してしまうと、他児から責められてしまい、責められたことを気にかけてしまいそうだったので、保育者と男児はまずしっかりと鶏と向き合い、冷たくなってしまう体を直接感じ、言葉での理解ではなく五感を使って死に向き合いました。自分の関わり方で取り返しのつかないことが起こってしまったことを実感しつつ、次にどうやって関わればよいかを、時間をかけてじっくり考えたことで、この男児は、その後も鶏の抱っこの仕方や関わり方を工夫したり、他児に伝えたりしながら生活をしていました。

　毎日関わっている羊が生まれた時には、その喜びに触れることはどの保育者も保護者も手放しで受け入れていましたが、鶏の死については、様々な意見が飛び交いました。特にその男児の保護者からは、そこまでする必要がないという意見や、死んでしまったならみんなで食べればよいというような意見もありました。

　命に触れるということは、必ずしも心地よいことだけではありません。子どもと関わる自然や命は、時に関わり方が非常に難しく、賛否の声が上がることがあります。しかし、"生"に触れることと同じくらい"死"に触れることもまた、子どもたちの成長には欠かせないことのように感じています。

8 ［ク］数量や図形、認識や文字などへの関心、感覚

「遊びや生活のなかで数量や図形、標識の文字などに親しむ体験を重ねたり、標識や文字の役割に気づいたり、自らの必要感にもとづいてこれを活用し、興味関心の感覚を持つようになる」

まずは子どもに聞く

最近は、民間の雑誌「こどもチャレンジ」や「くもん」といった、教材会社が発展して、親の中にも園に通いながら、子どもたちに家で教材を使った学習をやらせることが増えています。どういう絵本がいいといった、情報も提供しています。絵本をしっかり読んであげて簡単な算数の勉強をしたり。「10まで数えられたね、じゃあ今日は、お風呂で30数えたら出ていいよ」とか、「みかん6つ持ってきてくれる？」とかいって6を数える練習をするとか、そういう体験というのは親が意識をすれば、日常的にできるわけですよね。「お客さんが10人来るから、お皿を10枚数えておいて」といったことです。

でも、子どもが数を覚えるという結果を意識し過ぎると、生活の中での自然なやり取りではなくなってしまう気がしますが…。

そうね、押しつけたり、覚えないと強制しても効果はないですよね。そうではなく、生活の必要でやっているうちに覚えたとか、楽しくやっているうちに教え方が身についた、というようなのはいいですね。ただ、親自体がとても大変で、そういうところに余力がない、親自身がそういう配慮をしてもらった経験

ラーメンのメニューを作ったよ

がない、そういう親もたくさんいるわけですね。その場合は、親にそういうことをしてあげたいよねといっても、まずはイメージがないわけですから、なかなか伝わりません。

　ある意味で、二極化してしまっているのでしょうか。

　確かにそうですが、いずれにしても、例えば、会話をする時に、ママが「これ、緑」と言って、「でもね、緑に黄色も入っているから、こういうのは黄緑っていうのよね」と言うようにちょっと努力すれば、子どもの語彙を増やしてあげられる。そういうのが親の役割なんですよね。で、これは保育者の大事な役割でもある。そうやって語彙を丁寧に増やしてあげると、学校の学力の下地ができるということがわかっています。

　数量や図形、認識や文字など、知的というか、認知的能力の土台が、子どもと大人の丁寧な関わりにある、ということですね。

　そうです。アメリカのNICHD[※1]の調査でも、応答の丁寧さが保たれている保育のことを"質が高い"と言っている。子どもがせっかく話していることに対して、「あ、そう」で終わりでなくて、「どうしてそう思ったの？」と子どもに聞いて、喋らせて、で、その後、それを正確に言い換えてあげる。「こういうことなのね」と。それが結果として、色々な言い方を訓練することになる。そういう配慮ができると、子どもたちは言葉というものに対して意識的になります。

　応答的な関わりですね。

　そう。ところが、「何バカなことをいってるの！」「やめなさい」「はやくしなさい」と命令形・禁止系の言葉がたくさんで、子どもに考えることをあまりさせないこともありうるわけです

※1　NICHD
米国の国立小児保健発達研究所のこと。National Institute of Child Health and Human Developmentの略。1962年にアメリカ国立衛生研究所を母体として設立された。

ね。結局、それがあまりに蓄積されると、子どもの知的なものに対する構えとでもいうのかな、ゆっくり考えると面白いとか、上手な言葉で言えたら嬉しいとか、そういう感覚が育たない。認知能力の中で非認知に近いようなものといわれますが、そういう子どもの中に、このまま学校に行ったら心配だよねという子が、確実にいるわけですよね。

 確かにそうですね…。

 家庭でいろいろ知的なものの世界に丁寧に接することができている子どもたちは、それほど意識しなくてもいいと思っています。その場合はむしろ逆ともいえる。"体験を豊かにしてあげる"ということをしたらいいと思う。ですが、そういう子がいる一方で、もう少し知的なものに触れる体験をしてほしいな、と思う子もいる。このままでは学校の教科書の内容と自分の知識とのギャップでショックを受けて、もういいや、とあきらめてしまいそうな子が結構いる。いやな言葉だけれど、はじめから落ちこぼれてしまうような可能性のある子に対しては、保育園だとか幼稚園、こども園で、「ここまでやっていれば大丈夫だよね」というところまで考えてあげてほしいのです。例えば、1から10まで数えられて、今度10にいったら11、12、というのがわかっている。当たり前のことですが、あやふやな子もいるわけですよね。

結果として語彙が豊かに…

 はじめから落ちこぼれてしまうような状況…、ですね。

大人側の努力で
語彙を増やしてあげられる

 それから、やはり語彙が少ないと、自分の気持ちを表現する言葉が少ないために、頭にくると「死ね」とかそういう言葉を

言ってしまう。「あのね、なんだか今悔しいんだよね」と自分の感情をうまく言うことができないということがあるわけですよね。そういう子どもに対しては、言葉を丁寧に添えていってあげて「こうなの？」「ああなの？」と言ってあげる。それから色。色の名前も全部だいたい言えるようになったよね、とか。曜日の名前もわかってるね、とか。そういうような語彙をきっちり増やしていくような努力をしていくとか。これが三角形、これが四角形、これは三角形の中でひし形っていうのよ、とかね。そういうふうな、算数につながるような、ある程度子どもが興味を持つ形でその世界に誘ってあげる。これはある程度意識的にやっていただきたいわけです。「じゃあ、ナントカを作って遊ぼうか？」「じゃあ、先生はマルをつくるから、○○ちゃんは三角を作って、××ちゃんはひし形を作ってくれる？」とか。こうやって楽しく遊びながら、様々な角度から認識を深めていく。

はじめから落ちこぼれてしまうような状況というのは増えているのでしょうかね。でもそういう子どもたちが「1から10まできちんと数えられる」ようにすると聞くと、なんだか正直、教え込みのような感じがしてしまいます。やはりそこでも、保育者主導ではない、遊びが大事なのではないかと思うのですが。

そうですね。でも教え込んでもね、それを知りたいと思っていたら教えても多少は効果はあるのですが、子ども自身があまりそういうことを知りたいとも思っていないのなら、押しつけると学ぶこと自体がつまらないと思うことになってしまう。「明日何曜日だっけ？」「あ、水曜日か」とか、日々の生活の中で、「火曜日の次が水曜日だというのをわかってくれたかな？」とか、そういった丁寧な関わりは必要なのだと思います。

ボーリングのピンと点数

言葉が持つイメージの展開を楽しむ

クラスの集まりなどで、カレンダーを見ながら昨日の日曜日の話を丁寧にしたり、といったことは大切ですね。

そう、そういうことを、わかっていない子もいると想定して丁寧にやっていく。そういう取り組みが大事でしょうね。何度も言いますが、家庭で丁寧にやってもらっている子どもに対してはそんなに配慮する必要はありませんし、そういう子はむしろ自然体験の方を大事にしてほしい。そうでない子は、そこを丁寧に整えてあげて、言葉を覚えたりすること自体を楽しく思うようにしてほしい。サッカーが好きな子でしたら、サッカーの絵本を読んであげて、絵本の世界も好きだなーとしてあげたいですね。その延長に読書があるわけですから。

子どもは遊びの中で、必要があって言葉を覚えたりはしますが、時には言葉を覚えたりすること自体の楽しさから入ることも必要、ということですね。

そうですね、保育者は子ども達の言葉育ての人なのですよね。ただ、そう簡単ではないのですよね、小さい頃からの蓄積がないと、聞くということだって単純なことではない。ですから、丁寧にやっていく、それしかない。言葉からイメージをもっていって、そのイメージの展開を楽しむという、そこを幼児期にしてあげてほしいですね。

何事にも、丁寧にということですね。汐見先生のお話を聞いていると、ますます0-2歳児保育の重要性を痛感します。丁寧に丁寧に…心と身体を育むことの大切さ。

自然史博物館で

「言葉」より「体験」が先

「知育」というものが誤解されているのですよね。言葉とは、体験が十分でないのに体験したことの後に説明をするために使うことで蓄えられていきます。それが次第に思考のツールになっていくのですね。体験が十分でないのに言葉だけ覚えさせてしまうと、言葉主義に陥ってしまって、本当はわかっていないのにわかったつもりになってしまう。これはもう、幼児期であれば当たり前のことですが。まず体験があって、それに言葉を添えていくというのが大原則です。ルソー[※1]は、小学校でも言葉・文字はいらない、体験が先だと言っていますね。

今、その、言葉主義という貧困が、すべての家庭全般に及びつつあるのではないかと、とても心配になります。

求められているのは非認知的能力なのですよね。「え、ホント！恐竜の名前全部覚えちゃったの！すごい！」といったようなことができてきたら、すぐに伸びていきます。ですから、そういう非認知的なところに焦点をあてて伸ばしていく。ドリル的な知識が増えることとは違うのですね。その時々の会話を丁寧にやることで、子どもたちはいつの間にか語彙が増えますし、いつのまにか考えるようになってきた、となります。

ジェームス・ヘックマン[※2]が言った非認知的能力というのは、まさにそのような文脈で出てきた概念ですよね。

そうです。だから、今回の改定で言われているのは、今までとまったく違う何かをやらなくてはならないということではなくて、「数」だとか「重い・軽い」などの大切な認知的スキルを身につけるためにも、丁寧な関わりとそれに基づく好奇心や言葉の獲得を通じた非認知的なスキルを丁寧に育てることの大切さなんですよね。

※1　ジャン＝ジャック・ルソー
有用な知識は読書ではなく自分の経験から学習させ教育していくべきだと考えた。著書に『エミール』がある。

※2　ジェームス・ヘックマン
ノーベル経済学賞を2000年に受賞した米国経済学者のヘックマン教授によると、人間の能力には大きく分けて認知能力と非認知能力があり、「非認知能力」を身に付けるにはとりわけ、就学前教育が重要であるとしている。日本では、学力テストの成績あるいは知能指数＝IQといった、いわゆる「読み・書き・そろばん」的な物差しで子どもの能力を図ろうとする傾向が強いように思われるが、「真面目さ、粘り強さ、自制心、忍耐力、気概、首尾一貫性」のような信頼できる人間が持っている素養につながる、就学前の幼児期になされる教育こそが重要であり、そして、こうした能力が実は将来の学業成績や就業成果に強く影響するといった研究結果をうち出した。もちろん、就学後における非認知能力の教育効果もあるが、就学前教育に比べれば相対的にはかなり小さいものであるという。

そうですね。あらためて、園の社会的使命、ミッションの重要性を痛感します。

非認知能力とアートの力

それからもうひとつ、今回の改訂でもうひとつ大事と思っているのが、アートのところなんですよね。AI社会時代が来ていて、コンピュータにできない情報処理を人間がすることが大切になってきているわけです。そのためには豊かに感じることが大切で、その感性を形にする表現ということを思い切って励ましていくというのかな。その意味で、アートというのは非常に大事だよね。

非認知的能力、そしてそこでの、アートの力ですね。

その通りだと思います。そのためにはカラダ全体で色を使って遊ぶとか、実際に感動するような体験をいっぱいしたいですね。例えば空の雲をみて「きれいだな、きれいだな」。で、いっぱい見て、じゃあ書いてみよう！って。カラダの内に描きたくてしょうがないようなものをたくさんためてためて、それから描かせる。で、今度は、「こんな雲があったら面白いと思う雲を描いてみよう」というふうにもっていく。そしたらね、真っ黒い雲を描いたりして、「真っ黒だね、怖いねえ」とか。こうやって上手に感性を伸ばしていくといいますか。あとは音と一緒に描く、音を聞きながら描くとか。

イタリアのレッジョ・エミリア[※3]の実践でも、アートの力が存分に発揮されていますね。そこでの印象は、音とか匂いとか、手で触った感触などが包括されたものだということですね。

今、アートに関する研究が急激に進んでいます。これはまだま

※3　レッジョ・エミリア
14ページ注参照。
イタリアのレッジョエミリア市の実践を学ぶ保育園、幼稚園、認定こども園が増えている。また、日本でも、それに刺激をうけ、アーキ・ペラゴという団体のように乳幼児期のアート教育の指導を行う団体が増えている。

だで、一般の養成校でも、そういう教育は行っていませんが。

多様な表現の楽しさに気づく

（笑）そうなんですね。でも確かにまだ日本の保育の中では、りんごの絵やレモンの絵を描く時にリンゴやレモンの匂いを嗅ごうっていう保育者はそんなに多くはないでしょうね。そしてそこで、多様な素材が多様な表現を生むという感覚、そして教材研究だけではなく保育者自身がそのような体験をするということが、大切になっていると思います。

確かに、保育者自身が多様な表現の楽しさに気づけば、きっと子どものことを大らかに見ることができるようになるでしょうね。

赤く実ったいちご

思わず手に取りました

いちごの葉っぱを食べているのではありません

いちごの葉っぱの匂いをかいでいます。何に気づいたでしょう？

（フレーベル西が丘みらい園提供）

事例 ［ク］数量や図形、認識や文字などへの関心、感覚

こども園あかみ幼稚園

　様々な種類のごっこ遊びの中で、物に関わったり作ったり、プロセスが重要な要素となる遊びが発達に応じてたくさん生まれます。特に5歳児年長組では、製作コーナー（道具と素材がある物作りのための常設コーナー）でより本物らしいリアルな物が毎日作られています。それを使ってお店屋さんごっこに発展することもよく見られます。

　パン屋さんのごっこ遊びでは、材料の試行錯誤がありました。より本物らしさを追求し、次の週には綿に代わって小麦粉でパンを作るようになりました。これは、年少の時の小麦粉粘土の経験が生かされた形です。そしてさらに、週の半ばになった頃、保育者は売られているパンの大きさがまちまちなことに子どもたちが自ら気づくよう、次のような投げかけをしました。

保育者：「このパン、こんなに小さくても100円なのね」
子ども（T）：「そうだよ」
保育者：「でも、あの大きいのも100円なのに…？」
子ども（U）：「じゃあ、同じ大きさにすればいいじゃん」
子ども（T）：「どうやって？」
子ども（V）：「〇を書いて、それに合わせて（パンを）作れば？」
子ども（U）：「でもそれじゃ、まん丸か平らかで違ったパンになっちゃう」「そうだいいこと考えた、秤で量ればいい」
保育者：「へー、秤でね…」「量るなら先生、家から持ってくるよ…数字が出るやつあるから」
子ども（U）：「いいねー」「先生もってきて」…これに同調する意見多数。

※保育者は学年主任

パンをこねこね！

43グラムかな？

　子どもたちは、園庭の畑でサツマイモを掘った時、大きさが異なるものの量を量る時には、秤を使うことがひとつの方法だということを経験として知っていました。それで子どもたちみんながUの発案を受け入れやすかったのだと思いました。そして、結局この後、メロンパンを43グラムの小麦粉で作ることになりました。パンを並べていた円い皿の見込み（皿の内側の平らなところ）に丁度合う大きさのものを量ったところ、43グラムだったからです。このことにより、多少形が違っても同じ量になるという意味で、パン屋さんをやっている子どもたち全員の納得が得られたよ

⑧ [ク] 数量や図形、認識や文字などへの関心、感覚

あんを乗せて

オーブン（本物で使えなくなったもの）を使ってはいましたが、焼く時間は決められていませんでした。

保育者：「すみません、注文したパン、まだですか？そんなに長く焼いてたら、焦げちゃわないですか？」
子ども（U）：「少々お待ちください…（オーブンの中を見て）大丈夫、まだ焦げてないですよ」
保育者：「あーよかった…でも焦げそうで、やっぱり心配」
子ども（T）：「そうだよ！焦げそう、じゃあ…焼く時間を10数える間にしたらどう？」
子ども（U）：「時計があった方がいい」
子ども（V）：「タイマーがあるじゃん」

うでした。
　さらに、子どもたちはアンパンを作る際、アンに見立てたお花紙（むらさき色はむらさき芋のアン、みどり色はメロン味のアン）の枚数が多過ぎると、43グラムの小麦粉では包みきれないことにも気づきました。また、ウサギの形のパン作りでは、秤で量ったところ重さが80グラムもあったので、慌てて大きさを小さくする様子も見られました。保育者は年長のこの時期、様々な試行錯誤を繰り返しながらも、子どもたちが納得して遊びを進めることが大切だと考えました。
　そして週末の金曜日、子どもたちはパン屋さんをより本物らしくする過程で、オーブンで焼く時間を決める必要性に気づきました。そのきっかけを作ったのは、保育者の言葉でした。それまでは、

タイマーを使おう！

PART 1　10の姿　083

保育者：「タイマーあるよ、チーンとなるやつ」
子ども（U）：「それ、使えるね」
子ども（T）：「何分にする？」
子ども（V）：「20分にしようよ」（…保育者は、毎日の給食を食べる目安が20分なので、このような発言があったと思いました。しかし、実際には20分では長過ぎるので…）
保育者：「そうね、20分でちょうどいいかも」「うーん、でも本当に20分だと…みんな本当に待ってられるかな？」
子ども（T）：「長過ぎない？ぼく、待ってられない」
子ども（U）：「じゃあさ、こっちの20の所（20秒の目盛）までにしたらどうかな？」

いらっしゃいませー！

パンの種類もたくさん！

　子どもたちがお互いの意見をすり合わせながら、そして時には保育者の投げかけに新たな気づきを得ながら、パン屋さんをより本物らしくしたいという思いを次々と具体化していく様子がありました。
　その後も子どもたちはパンの種類を増やしながら、より本物らしいパン屋さんを追求していきました。しかし時には作ったパンが売れ残ることもあり、その場面では、「パン、1個100円」という看板と同時に「パンは10個買うと1000円でーす」とアナウンスを入れる姿も見られました。保育者は内心、「10個買ってもお得ではないんだな」と感じつつも、また、子どもたちが問題や矛盾点に自ら気づき、さらに納得してより本物らしさを目指していくのだろうと思い、今後の遊びがますます楽しみになりました。

❾ [ケ] 言葉による伝え合い

「保育教諭や友達と心を通わせる中で、絵本や物語などに親しみながら、豊かな言葉や表現を身に付け、経験したことや考えたことなどを言葉で伝えたり、相手の話を注意して聞いたりし、言葉による伝え合いを楽しむようになる」

「伝え合い」の力とは

これは、「言葉」に特化したような表現になっていますが、昔言った「伝え合い」のような能力ですよね。最初に、「保育教諭や友達と心を通わせる中で、絵本や物語などに親しみ」とあります。結局、言葉がいきいきと生命力を持って発せられるとか、言葉の深いところに共感し合うとなるには、何を喋ってもしっかりと受け止めてもらえるとか、本当のことを喋る時ちゃんと評価してくれるとか、そういう雰囲気があるということが決定的に必要だということですよね。先生が喜ぶようなことを言わなきゃいけないとか、「こういうことを言ったら先生はいい顔をしてくれるから、こういう言い方をしよう」とか、子どものほとんどが、先生の顔や態度をよんで、言葉を発しているという実践報告[※1]もあるのです。

そうですか…そのような報告があるのですね。子どもというのはある意味、生きるための力で、大人が気に入るようなことを言う、というのは感じることがあります。でも、感じていることや思っていることを、意味の深いところからストレートに表し、そしてそれを周りの大人がしっかりと受け止めることで、それが伝え合いになっていくのでしょうね。

こういう言い方をしたらマズイな、という配慮がもちろん必要

思ったことが言える雰囲気

※1　詳しくは汐見稔幸・大豆生田啓友編著『保育者論』ミネルヴァ書房刊（2010年）の汐見稔幸先生の論文参照。

なこともあります。でも、まずは自分が思っていることをできるだけ正確に言葉にするとか、人が言っていることをできるだけ正確に理解するとか、そういうことができないといけませんが、そのためには、まずはありのままを言うとそれが評価される、何を言っても「いい」とか「悪い」とか、そういう評価がすぐにかえってこないという雰囲気があることが大事ですよね。そこが、先生がクラスを作っていく上でまず大事なところだと思います。

そのような大人の評価が、家庭でも保育の現場でも、けっこう雰囲気を決定づけている現状はあるのかもしれません。そしてそのような雰囲気は言葉だけでなく、周りの大人の雰囲気、とくに視線がものを言うことで子どもに伝わっている気がします。保育でのクラス作りでも、これはとても大切というか決定的な要素かもしれませんね。

ここのところはぜひ深めてもらえればと思います。例えば'リンゴの木'※2のようにね、子どもに徹底的に喧嘩もさせて喋らせるけれども、どっちがいいとか悪いとか言わないというのもひとつの方法なんですね。あそこまではできないとしても、子どもたちに毎日、自分の考えだとか思いを語らせる場を作ってあげてほしいのです。

大人の尺度での評価をしないということですよね。僕も個人的には、一対大勢とか石を投げて怪我しそうとかでなければ、思い切り喧嘩をする方があと腐れなくていいと思います。大人が変に白黒つけるべきではないと思いますね。その方が、すぐに伝え合いにはならなくても、率直な"伝え"にはなるのではないかと。

※2　リンゴの木
横浜市都筑区にある保育園。1982年に「子どもとつくる生活文化研究会」のメンバーだった3人の元保育者により、子どもに関わるトータルな仕事をする場として発足。「子どもの心により添う」を基本姿勢とする。「子どもの心により添う」とは、大人が「どういう子に育てたいか」ではなく、子ども一人ひとりが「どう育とうとしているのか」をよく見るということ。

子どもにその日の思いを
言葉にしてもらって、
聞いて共有していく

3・4・5歳であれば、帰る前の1時とか2時とかの時間、ご飯を食べた後に午睡に入る子と、そのまま帰る子がいますから、その前のどこかの時間でいいと思うのですが、その日のことを語り合える時間をとってほしいと言っています。それを僕は「共有する時間」※3と言いたいのですが。あっちこっちで面白い遊びをした子は、「○○ちゃんは、今日、こんな面白い遊びをしてたよ」「僕はこんなことをやったけど」っていうような流れで話すと、「じゃ、明日僕それやってみる」というようなことになるではないですか。それは同時に、保育教諭が、あの子はやりたくてたまらなかったんだ、とか、あの子はあの遊びには意外とノッてなかったんだ、とか、子どもの体験の本音みたいなものをつかみ取る場にもなるのですね。それを一回反省したり評価したりして、次の日の準備をしていくということをやっていけばいいわけで。

子どもの振返りであると同時に、保育者自身にとっての振返りにもなるのですね。副担制のクラスだったら、副担任がそのような子どもたちの本音を記録するといいですね。うちの園で、今度やってみたいですね！

子どもにその日の思いを言葉にして語って※4もらって、聞いて共有していく。へーそうだったの、よかったねと共感してあげたり、「へー、悔しかったね」「みんなはどう思う？」という思いと思いをあたらせるというか。そういうことを必ず1日のうちに一回はやることをしないと、どの子も、同じように育つということが期待できないと思います。

確かによく話をするのが、一部の偏った子どもになってしまった

※3 共有する時間
見える化と共有＝新しい民主主義社会の担い手を育てるためのキーワード。民主主義は、情報の公平な所有ということが前提である。しかし実際には、情報を公平に共有することはほとんどなく、同じ言葉を使っていても、頭の中は全く違ったことをイメージしているのが普通である。そこを平準化するのが見える化、すなわち誰もが共有できる形で経験を言葉に変え、実際にそれをあれこれ議論しながら共有していく、これがみんなで解決していく力を育てていく。

※4 経験を言葉化するというのは、大変な知的能力を必要とする。最も難しい情報処理といえる。その練習を気楽で楽しい雰囲気の中で行うことが、毎日の振り返りの時間である。うまく表現できない子どもには、焦らず、少し手伝ってあげて、言葉化を励まし続ける。その努力が子ども達の言葉の力を育てていく。

りしますね。回数というか、機会を増やすことで、より多くの子どもがそのような伝え合いをするようになりますね。

保育のあり方自体を少し工夫する

これを本気でやろうと思ったら、保育の形態を少し工夫するといいですね。縦割りだったらいいですけれども。3歳以上だったら、その冠たることはできますね。

「今日どうだった？」と聞くのではダメです。何をしゃべっていいのかそれではわかりません。「○○チャン、あそこで何かやってなかった？」「アレ何してたの？」「○○ちゃんがこれを作ってくれたんだけど、これどうやってやったか説明してくれる？」とか。具体的にあるところまで質問した上で、何をしゃべっていいかがわかるところまで話してあげないと、しゃべる子がいつも決まってしまいますからね。

そうですね。本園でも特に年長組では、よく話し合いをやるのですが、確かに「どうですか？」とか「どうしますか？」だけだと、意見を言う子どもはさらに限定されてしまう。

逆に、いつもしゃべらない子に、「ねー、○○チャン、面白かったね」と。普段あまりしゃべらない子が面白いことをやったら、「○○ちゃんが面白いことをやっていたから、みんな、聞いてあげてくれるー」とかね。そういうことをして言葉で共有する時間、そういう時間を必ず持ってほしいと思います。そういう保育上の工夫は、絶対に必要です。

なるほど…。保育のあり方自体の工夫になるわけですね。そしてそれは、保育者と子どもたち、そして子どもたち同士の、人間関係のあり方の見直しでもありますね。

見てー！「へりこぷたー、はっけーん！」

それからもうひとつ付け加えたいのは、子どもに上手にしゃべらせようとか、立板に水のようにしゃべらせようとか、そういうのはバツです！そういうことをする必要はまったくないということですね。

　経験を積み重ねていけば言葉にできるようになるんだけれども、たどたどしくしかしゃべれなくても、今まで以上に勇気を出してしゃべったということが、それが、その時のその子の言葉なのです。生活綴方教育[※5]というのが昔からあります。教師たちがずっと言い伝えてきたことがあります。

保育者の判断の機微が必要

形ではないということですよね。やはりここでも大切だと思うのは、率直さというか、意味の深いところからストレートに表すということですね。

そうですね。綴方教師が大事にしてきたのは、子どものね、一挙手一投足がその子の表現だということです。これは次の10の姿に出てくる「表現」にも関わることです。言葉になる表現もあれば言葉にならない表現もある。実際の体験を正確に言葉にしようとしたら、それは一万語ぐらい必要だというぐらい大変なことなんですよ。それなのにもっと正確にと圧力をかけたり、根掘り葉掘り聞くことはやめましょうということです。その時のそれがその子の表現なのです。「そっかーーーーー」（納得）。「じゃあ、面白くなるように、どうしたら良いか考えてみようか」と言って、その時はそれで終わりにする。

本当ですね…「そっかーーーーー」で、いいですよね。それと、言葉にならない表現…これもしっかり受け止めたいですね。

詳しく答えたくない時は、そういう精神状態でいるから答えた

※5　生活綴方教育
1910年代頃、子どもの生活全体の指導を目的とするものとして現れた教育方法。生活綴方教育は子どものために「正しい」表現を求めたのではなく、子どもの日常の行為、態度、姿勢、言葉つき等々がその子の表現なのだからそれをしっかりと受け止め、受け容れる仲間がいると、子ども自身が安心感を得、自分の心の深いところから言葉を紡ごうとする姿勢が生まれる、と考えた教育実践。保育の本質と通じている。

👤 くないのです。それもその子の表現です。何かの理由で詳しく言いたくはないんだと言っているのに、根掘り葉掘り聞くのはやめてほしい。子どもたちは表現しながら生きています。その表現をしてくれた事自体を、私たちは大事に思いましょう、と。

👤 相手が大人だったら、要するに大人同士だったら、何かの理由で詳しく言いたくはないんだ、と推察するでしょうね。でも相手が子どもだとつい深堀してしまうのでしょうね。

👤 でね、根掘り葉掘り、聞いても答えてくれそうにない時は、もうやめる。でも、もうちょっと聞きたいな、答えてくれるんじゃないかなという時に「その時どうだったの？」というのは、これはいいのです。相手の態度を見て判断してやっていく。これはもう、保育者のものすごい細かい機微が、判断の機微が必要なところですね。こういう状況は、保育者側にも良い訓練になると思っています。

そっかー…

👤 なんだか、保育者の人間関係能力が問われるような感じですよね。保育者や友だちから大切な存在と認められていることが、心から本当の気持ちを、意味の深いところからストレートに表すための前提になることもありますね。

事例 ［ケ］言葉による伝え合い

大道具小道具、衣装も全員で手作り

こども園こどもむら

劇は役割をもって自分たちで

　発表会の劇は子どもたち主体で行い、役割をもって作り上げていきます。台本係は「どんな言い方がいいかな」「こんな言葉を使ったほうがいいんじゃない」などと相談しながら紙にセリフを書いていきます。鼓笛の時に使った楽器を使い、効果音も音を出しながら、劇中に合う音を探して

いきます。
　大道具係は段ボールに絵を描き、段ボールカッターで切り、金づちと釘を使い、木材でテーブルを作ります。段ボールカッターやノコギリ、金づちなど、材料の違いでいろいろな道具を出しては使い、「ここ持っててね」「下をおさえてて」などと言いながら協力して作っていきます。
　小道具係は木の枝、木の実、毛糸、布などいろいろな素材を使い作っていきます。「これはボンドではくっつかないよ！」「グルーガンを使おう」など、素材に合うものは何なのかを考えながら作り上げていきます。
　こうして子どもたちだけで話し合う機会が増え、「それいいね」と気持ちを共有し、「それは違うと思う」と思いが通らない時に折り合いをつけたりしながら、思いや言葉の伝え合いが自然とできるようになっていきます。

秘密基地作り

　ロフトで遊んでいた二人。たまたま置いてあった段ボールをみつけ、「ロフトに二人だけの秘密基地をつくろうよ！」とコソコソ話を始めます。発表会の劇で大道具を作った経験から、早速、段ボールカッターを使いドアを作ってみます。
　「ホチキス使ってみる？」「ガムテープでくっつけようよ」と二人で頑張りますが思ったようには作れません。何日かして、二人だけでは出来ないかも…と悩み始めます。「誰かにたすけてもらう？」「でも二人だけの秘密基地がよかったなぁ」と相談し始め、最終的にはクラスのみんなに協力してもらうことを決めました。
　次の日の朝、「実はロフトに秘密基地を作ってるんだけど、みんないっしょに作ってくれないかなぁ」と気持ちを伝えると、「いいよ！」「楽しそう」とみんながロフトに大集合！
　ここからクラスみんなで秘密基地作りが始まりました。

炊飯器は丸？　四角？

　「秘密基地には何があるんだろう」「絵でかいてみようよ」と設計図を描き始める子どもたち。「外から見えないようにカーテンつけようよ」「ご

段ボールで秘密基地作り

秘密基地には何がある？設計図を書いてみよう！

飯食べられるところと寝るところもいるよね」と計画は進みます。設計図ができたところで、発表会の時の役割を生かし、大道具係だった子が壁や天井を、小道具係だった子がテレビやキッチンの道具を作り出しました。

そんな時、丸い炊飯器を作り始めた小道具係さん。それを見た子が「炊飯器は四角じゃないの?」と質問。「ぼくの家の炊飯器は四角だよ」「でも幼稚園の炊飯器は丸だよ」「炊飯器にはいろいろな形があるんだね」とやり取りをしながら、スペシャルな赤い炊飯器ができあがったのです。

また、カーテンをどう作るか考えていた時、「ももぐみさん(年少児)の時つくったポンポンでカーテンをつくるのはどう?」とSちゃん。「くしでといてこまかくしたよね」と、どうやら年少組の時を思い出したようです。そして、ピンクの素敵なカーテンが出来上がりました。

[ケ] 言葉による伝え合い

合言葉は・・・
　徐々に秘密基地が出来上がり、このことをほかのクラスのお友だちには知られたくないと考えたみんなは話し合いを始めます。
　「ほかの人が入らないようにするにはどうしたらいい？」「何かで見えないように隠せばいいんじゃない？」など意見を出し合いながら考えた時、劇の時に言ったセリフ『ひらけ〜ごま！』を思い出します。「そうだ！合言葉をつくろう」「さくらぐみだから『ひらけ〜さくら』はどう？」「いいね!!」ということで秘密基地の秘密の合言葉も決定しました。

共感の場
　保育者は日常的に主体的な活動ができる環境を整え、言葉を伝えあう喜びを感じ、共感する場を作ることが最も大切だと考えます。
　今回の秘密基地作りは劇遊びの経験から、自分の感じたことや思いを言葉で伝えるということをいろいろな場面で行い、ひとつのものを作り上げていく中でみんなの思いもひとつになり作り上げていったのだと思います。

10 ［コ］豊かな感性と表現

「心を動かす出来事などに触れ、感性を働かせる中で、様々な素材の特徴や表現の仕方に気づき、感じたことや考えたことを自分で表現したり、友達同士で表現することを楽しんだり、表現することに意欲をもつようになる」

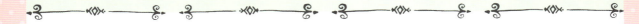

豊かな表現には感動のため込みが必要

- 素朴な表現というのは毎日やっていることですよね。ですが、表現の保育とか教育というときには、そういう素朴なことだけではなくて、英語でいえばexpressionですね。ex＝外に、press＝プレスするわけですよね。外にプレスするということは、外にプレスしたいという気持ちになるということ。そのためには、心身の中にプレスをたくさんする、impressが必要なんですよね。

- 現場でも表現について語る時、まず「ため込み」とか「耕し」が大切！などと言っていますが、それがimpressなんでしょうか？

- そうですね。impressというのは印象という訳にもなりますが、心の中に喜びや感動をため込んでいくことです。ですから、子どもがこれ是非見せてあげたい、是非聞かせてあげたいと、子ども自身が感動して発するような、そういうものを日常的に準備していく、そういう姿勢なしに子どもからは優れた表現は生まれないということですね[※1]。

- 本当にそうですね。そういうimpressに関係なく、やたらテク

※1　表現が生まれるためには、表現したいという内容を子どもが持つことと、表現する時のスキルを持つという2つの面が必要になる。スキルの方は幼い頃は自分の心身のすべてをツールとして表現しようとしているということに共感し、子どもの一挙手一投足を彼らの表現として受け止める保育者の受容性＝応答性が大切になる。表現は子ども達はいつもしている、それを受け止めていないだけ！ということが多くある。

レッジョ・エミリアでは、子どもは100の言葉を持つと言っているが、これは、子ども達は評価されない安心感や多様なツールがあれば、表現は多様に生まれるということである。その意味で表現のスキルを洗練していくというのは保育者の姿勢であるといえる。

ニカルなことを教える絵画指導もありますが、そうではなくて…ですね。

私の知り合いで絵画教室の先生が仙台におります。子どもたちを海に連れて行って、夕日が沈むのをずっと見せてあげたそうです。2歳から2年生までの子どもだったかな。夕日が沈んでいくと、ちょっと見えなくなった後に雲が真っ赤になりますよね。見えていた時よりも、ちょっと見えなくなった時のほうが、夕焼けがきれいなんですよ。そうするとね、「キレイキレイ！」と子どもたちがなってね。やがて今度は夕焼けが消えて行くと、ポツンポツンと星が見えてきて。そしてずっと変化していく。波の音が聞こえて、段々暗くなって。ある種の幻想的な時間が得られるわけですね。その時、子どもたちは、じーーーっと見ているんだそうですよ。「あー、もうだめだ」とか言いながら。それで「もう帰ろうよ」といっても「もうちょっと見たい」と。でもとにかく連れて帰って。そしたら別の日にも「また先生、夕日見に行こう」というのだそうです。それでまた行って。そうすると、天候が違うので違う夕日体験をするわけですね。それで、何回も見に行ったそうなのです。それで、「これだけ見たんだから、そろそろ夕日が描けるでしょう」と言ったら、「うん、そろそろ描けそう」と言って自分の思う夕日を描いたそうです。

　小学校一年生ぐらいの子が描いた絵はほとんど抽象画。紫でわーっと描いた子がいるのだそうです。「これ、どうして？」と聞くと「だって、そんな感じなんだもん」と。

河童（かっぱ）の伝説がある伝承地で、川を眺める

たくさんため込んだんですね、夕日を。それが、「そんな感じなんだもん」なんですね。

「感動する装置」を作るのも
保育者の役割

つまり、人間が何かを表現するためには、それに倍するような感動のため込み、そういうものが必要なのだそうです。そのうちの一部が表現として出てくる。感動をため込んでいないのに表現しなさいと言っても、いいものが出てくるわけがない。例えば、音楽を聞きながら何かを描くとしても、そういう浮き浮きする気分をため込んでいくわけですよね。そうすると、ときに表現がしやすくなる。ボディーペインティングするというのも、それ自体が表現ですが、人の体に色を塗るという世界が、すごく面白い世界ですよね。そうすると表現であると同時にね、impressで同時にため込んでいるということでもある。もっときれいに塗ってみたいとかそういう思いも出てきますよね。表現の保育というのは、外に出すことばかりを考えただけではうまくいかなくて、内にどう入れていくかということも、セットで考えていかなければならないわけです。別の例ですと、今日とってきた葉っぱを全部アルコールではがして筋だけにしてみる。そうすると、まずは葉っぱの葉脈の美しさに感動するとか、お気に入りの一枚に色をつけてまたビックリするとか、そういった感動する装置のようなものを作り出していくということも表現の保育なのですね[※2]。

表現、ボディペインティング

葉脈の美しさ

「感動」を意識的に組織していく

そこでまた重要なのが、保育者の役割なのですね。なるほど、「感動する装置」ですか…。

そう考えると、偶然感動した体験というものもあるのですが、紅葉のところに連れて行く等、ある種、意識的感動というものを、組織していくということもやらないと、表現というものは

出典:「造形あそび」深谷ベルタ著、2018年(風鳴舎)より

そんなに簡単には生まれてこない。

「感動する装置」、そして次は「感動というものを意識的に組織」…。

それは、絵で表現する場合も、言葉で表現する場合も、身体で表現する場合も、音楽で表現する場合も同じだと思います。表現の仕方をもっと洗練していくために上手な音楽指導や絵画指導があるといいのですが、保育で求められるのは、音楽指導の個別の細かなテクニックや、絵画指導の個別の細かなテクニックではありません。もちろん、そういう指導があってもいいのですが、その前にやることがあります。それが豊かなimpressを子どもの内面に蓄えることで、それがあって表現の自由と安心感があると、その子の個性的なexpressは必ず生み出せるんだということですね。

ぬたくりの中にカタチが…

　表現の世界を創造していく際に、「間を十分にとる」ことも大切です。クラスでみんなで何かの作品を作る時も、みんなで相談した上でアイデアを上手に図式化したり、何日かに分けて議論したりすることが大切です。「間（ま）をつくる」のです。その間の間に生まれた感動や感情を少しずつ形にしていくことを励ますわけです。

　考えることの重視といってもよいでしょう。

命の営みが響き合うような表現

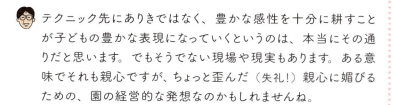テクニック先にありきではなく、豊かな感性を十分に耕すことが子どもの豊かな表現になっていくというのは、本当にその通りだと思います。でもそうでない現場や現実もあります。ある意味でそれも親心ですが、ちょっと歪んだ（失礼！）親心に媚びるための、園の経営的な発想なのかもしれませんね。

そうですね…でも、その生み出したexpressに対して上手下手だ、云々、ということをやってしまったら、もう、子どもはやらなくなります。一人一人が個性的に表現したことを、「○○ちゃんらしいね」といってね、その子がもっとやりたくなるようには評価はするけれども、人と比べたり、上手下手とやってしまうと、段々、表現を出さなくなっていきます。その子の表現をなくしてしまう。表現というのは、自分の思いを外に出すためにやるものです。こう感じているということを自分で確かめたいから表現する。そういう重要な部分が曖昧になってしまいます。

僕の園では、親たちに子どもの絵を見せる前に、「上手、下手と言わない」「隣の子どもの絵と比べない」という"ナビゲーション"をやります。

表現したそのものがその子の個性なのですよね、みな違っていいのです。○○ちゃんの素敵ね、と、響き合うものが生まれてくるんですよね。表現する根っこにあるのはスキルでもなく、その子の感情でもなく、ある種のスピリットというか、命の営みみたいなもの。そういうものが出てくるのですよね。それを感じると、何かが響き合うというか。

命の営みが響き合う…。いいですね！ 表現することがそのまま生きること、という感じがします。

人間形成の基盤にもなるし、そうやって表現を重ねて、そしてそれが小学生中学生になって洗練されていって、「それよりもこっちの色がきれいだよ」、「そこは真っ直ぐにしないで曲げた方がこんなに落ち着くじゃない」と、どんどんわかっていく。そうすると、それは仕事の世界の能力にもなっていくわけですよね。

100　10の姿で保育の質を高める本

10 ［コ］豊かな感性と表現

 本物のアーティストの誕生ですね。

 コンピュータと人間の違い[※2]ですが、コンピュータ自身ができない唯一のことは、感じたことを自らの力で形にするということですよね。だって、コンピュータは感じないから。そこは人間だけがやるところですよね。感じたものをどのように形にしたら、自分が感じていることがうまく表に出るかという。そういうことをデザインといっているわけですよね。感じたことを形にしていく能力、デザイン力。そういうものを鍛えていくことが21世紀の世界でいい仕事をする人間につながっていく。そういうことが非常に大切になってくる。

 ロボットやAI（人工知能）ができないことこそ、人間の本質といえることなのでしょうね。保育や教育も、そこにもっと目を向けるべきですね。

 そうです。ですからこの「表現」ということは小さな窓口に見えますが、将来的にはここを中心に教育が行われていくというくらい、広がりのある窓口なのです。そのようなことも理解していただけることを期待したいです[※3]。

※2　人間の情報処理がコンピュータや人工知能（AI）と最も異なるのは、人間は外からの情報を受容した時、その情報をまとめながら（これを知覚という）同時にその情報を価値判断して処理にあたるということ。ある部屋に入るなり、「あら、素敵な部屋！」と感じて価値判断をしたり「あれ、この部屋なんだか息苦しい感じ」と価値判断したりして、それから「どうしてだろう」と「こっちの場に座ろう」と情報を組み立てていく。
　コンピュータにはこれができない。直線型（リニア）の情報処理しかできないことから、人間の教育においてはこの感じて価値判断することを徹底して励ますことが課題になってくる。R.カーソンの「センス・オブ・ワンダー」もこのことの大切さを訴えたもの。
　表現の教育はこの感応—判断の豊かさの上にその感応—判断を個性的に形にすることが課題になる。

※3　幼い頃に「葉っぱは緑でしょう」「テーブルは丸いでしょう」などと、まるで正確に写生せよというような教育を受けると、"自分なりに表現してよいのだ"、"葉っぱは黄色い方が綺麗だからそう描くのだ"、といった表現の個性が育たなくなる。人間の個性といわれているものの正体は、実はこの表現の個性のこと。幼い頃にこそ、このその子らしい表現をすることを励ましてあげたいもの。それがまた自己肯定感の土台になる。

PART 1 ……10の姿…… 101

事例 ［コ］豊かな感性と表現

こども園さざなみの森

家庭で縫って子どもと染める、運動会の貫頭衣作り

　運動会の衣装は、以前は、既製品の色の付いたTシャツにスタンプ遊びしたものを着ていました。その後、無地のTシャツに草木染めをすることを始めました。数年前からは綿のダブルガーゼを縫って貫頭衣をつくり、染めています。夏休みに各家庭で縫ってもらい、秋に子どもたちと園で草木染めをします。

　貫頭衣は、二枚の布を縫い合わせるだけの、布に無駄がでない単純なものです。手仕事に苦手意識のある保護者にもやってみようとする機会をつくり、家庭に手仕事を取り戻したいという意図もあります。感性を育むというのは、暮らし全体の出来事だと考えています。

　毎年秋になると、園庭で火を起こし、大鍋で湯

を沸かし、草木を煮出します。身近に採れるものから取り寄せたものまで、全部で数種類の植物を使います。お部屋ごとの10色を、色を染め重ねていきます。子どもたちは家庭から持参した衣を、煮出した染液に浸します。さっきまで手のうちにあった白い布が色を吸い込んでいくのを見る、一瞬の体験です。そうして染め上がった布が園庭に干され風になびく風景は、大人も子どももなぜか嬉しくなるものです。同じ染料を煮出しても、その年その年で少しずつ異なる色が出ます。植物が見せてくれる不思議な色の魅力に出会います。大人がわくわくどきどきしながらこういっ

草木を煮出した染液に浸した衣を干す

ギラギラしてる！

藍のにおいだよ

なんかヘンなにおいがする～

た営みを続けていると、そのそばで遊んで過ごしている子どもにも、匂いや風景として記憶に残っていくのではないかとも思います。

　子どもが何かを形にする力とは、個々の手や体の直接的な行為によって身につく力があると同時に、周囲にある環境の中に感覚に響くものがあることも、その一助になると考えています。

年長組はあづま袋作りにも挑戦

　卒園間近になった子どもたちは、卒園式に記念品を持ち帰る袋として、あづま袋を手縫いします。冬に向かう季節は、一年の中でも自然と室内で過ごす時間が多くなります。一枚の布を2か所

縫い合わせると袋状になる「あづま袋」。一人ひとりのタイミングで取りかかっていきます。関心がある子から率先して手が進み、他の子が、完成したものを見てやってみたくなるという流れもあります。大人はそのかたわらで、子どもに合わせて縫う線を引いたり、声をかけたりします。

　縫い仕事や手芸の作業が部屋の中にあると、ゆったりとした雰囲気が漂います。そうした日々の中で、卒園に向けての想いを、一針一針紡いでいきます。

　縫い終えたあづま袋は、野外で草木を煮出して、自分たちで染めます。この活動は保護者の方にも参加してもらいます。親子で、縫った縫い目を見て話をしたり、染める色を相談したりしながら、あづま袋の完成を目指します。この活動を通して、草木染めのプロセスを一通りやってみる経験にもなります。

色とりどりの「あづま袋」

素直な好奇心と喜びをもって

　子どもたちの豊かな感性を育むという点においては、大人の誘いかけや、彼らの感性に気が付ける保育者の力量の方に重点をおくことが大切と考えています。大人が用意した「環境」に対して、子どもたちが素直な好奇心をもってその近くにいられたり、楽しんで参加したりすることができる状況があればそれで十分だと考えます。

　そして、子どもが素直に安心して取り組める、素朴でも質の高い経験と、感覚的充足感のある環境を用意できているかどうかを大切にしたいと思います。そのためにも「本物」を用意して、自然な生活の営みの中で触れさせてあげることを大切にしようと考えています。

あづま袋を縫うよ！

PART 2
保育の質を高める〜 CASE 11

21世紀型の保育を模索するとき、保育の現場では様々な課題が明らかになってきました。そこには、施設の類型に関係のない普遍的な問題もありますが、認定こども園が誕生したから見えてきたものも多数含まれます。認定こども園が新たな時代に子どもの成育環境の変化に応じて作られたことを思い起こすと、これらの課題がどの施設でも大切なものであることが明らかになってきます。

CASE 1　小学校教育との接続
今回の指針・要領改訂のひとつの肝である小学校との接続。保育現場からの働きかけも重要です。

CASE 2　カリキュラム・マネジメントと同僚性
OECDの提言にもある、保育の「質」向上。そのための園の仲間達との取り組みです。

CASE 3　多様な保育時間への対応
子どもの成育環境が変化しています。こども園に限ったことではなく、多様な保育時間への対応が求められます。

CASE 4　ノンコンタクトタイムを作る
保育から一時離れる「ノンコンタクトタイム」。保育の「質」向上のため、ぜひ確保したいものです。

CASE 5　記録の取り方・活かし方
「ノンコンタクトタイム」の肝は、その日の保育を振り返って翌日に活かすということ。そこでの「記録」はなくてはならないものです。

CASE 6　「10の姿」の分析と検討会（カンファレンス）の行い方
「10の姿」の重要性はわかっても、それらをどう保育に活かしたらいいのか。活かすには現場での工夫が必要です。

CASE 7　0〜2歳児保育
子どもの成育環境の変化もあり、あらためて0歳から2歳児保育の大切さが叫ばれています。

CASE 8　2歳から3歳児保育への移行
子どもの発達を踏まえた上で、現場では2歳から3歳児保育への移行のあり方が模索されています。

CASE 9　子育ての支援
子どもが育ちにくく子育てがしにくい現在、子育ての支援がより大切になってきました。親たちが子育てを前向きに感じ、家庭の自立が後押しされるような支援を考えましょう。

CASE 10　食育の推進
園で元気に遊ぶためにも、その基礎となる「食」。「食」のあり方を模索したいものです。

CASE 11　地域と関わった子育ての支援〜まちづくりの視点
あらたな地域コミュニティを再構築することは、子どもの育ちを考える時、取り組まざるを得ない課題となります。

CASE 1 小学校教育との接続

保育園 幼稚園 こども園 共通

幼稚園、こども園、保育園すべて、当然のことではありますが、教科を教える場ではありません。ですから、こういう力を育んでほしいという、具体的な子ども像を明確にする必要があります。今から10年前の平成20年ころから、幼稚園と小学校の幼小の接続を滑らかにするための検討会などで、お互いの目標として共有していけるようなものを具体的な姿として明確にしようということになりました。それをまとめたのが現在の「10の姿」です。

1 具体的な子ども像を明確にする必要があることから「10の姿」が生まれた

　改訂指針・要領では、育むべき力とはどのようなものなのか、なぜ今必要なのか、そして、保育者自身がそれをいかに意識して現場に臨むべきなのか、今まで以上にこういった部分が強調されています。これは保育者への期待の高さの現れでもあります。現場としては突然いきなり出て来た感があって、どう扱えばいいのか戸惑いがあることでしょう。幼児教育においては五領域、小学校教育においては教科の目標があります。今回の「10の姿」はそれとはもちろん重なっていますが、形式的には新たなものです。

　「10の姿」は、子ども達にこういう力が育ってほしいよねと願ってやるもので、バラバラになるものではありません。ひとつの活動のなかにも様々な要素があることは少し考えれば理解できます。今まで普通にやってきたことに少し違う光を当ててみたら、「ああ、こういう風に育っているんだ」と見えるようになっていきます。また、これを意識すると、「保育ってこんなにも面白いものなんだ！」と感じられるようにもなります。

幼児期の終わりまでに育ってほしい姿

CASE 1 | 小学校教育との接続

事例

あかみ幼稚園と小学校との幼保小連携

幼小のジョイントカリキュラムはこうしてスタート！

きっかけは幼稚園（こども園）側から

　小学校と、認定こども園あかみ幼稚園が接続の取り組みをはじめたきっかけは、卒園児の親御さんからの相談でした。具体的にいうと、夏休み前に全国の都道府県を文字で書くという課題が出て、夏休み明けにテストを受けさせられたりとか。それだけならともかく、先生から「お宅の子どもはできないので、家でできるようにしてくれ」という要求があったそうで、その親子はかなり追い込まれてしまったんです。それを聞いて、もう、いてもたってもいられず、学校に行って校長先生にどういうことですか？と言いに行こうかと思ったくらいでした。栃木県には昔から幼児教育センターがあります。まずはそのセンターの先生に相談したところ「気持ちはよくわかるけれど、喧嘩をしても仕方がないので、アプローチカリキュラムとスタートカリキュラムというのを小学校と一緒に作る取り組みをしたらどう？」とアドバイスを頂いたのがきっかけでした。

　まずは協力してくれる校長先生を探してみようということで、同じ地区の小学校を訪ねてみました。断られると思っていたのですが、あっさりと引き受けてくれたのでした。

（認定こども園あかみ幼稚園理事長　中山昌樹）

小学校の受けとめとその後

　栃木県佐野市には、昔から小学校と中学校の連携が割とうまくいっている土壌があります。

　にもかかわらず幼稚園と小学校の連携というのは、形式的に年一回の研究会程度で、有機的な連携が取れているとはいえない状況でした。実は、私が校長だった小学校のクラスのほとんどがあかみ幼稚園の卒業生で占められていて、その子たちを受け持った教員は、実は苦労するという定説があったのです（笑）。

　なぜ苦労するかというと、自由に喋るとか、席を離れるとか、そのあたりで小1プロブレムにあたるような状況がありました。なかなかの手ごわい相手で、あかみ幼稚園の保育というのはどうなっているんだ？と、若干、疑いの目で見ていたわけなんです（笑）。

　夏祭り、運動会、卒園式などに来賓として行く立場になって、これはあかみ幼稚園の中に入る貴重な経験なので、中の様子見てやろうという思いで、機会がある時にはすべて伺うようにしました。そうしましたら、私の想像を遥かに超えた子どもたちで、園長が子どもたちに向かって喋るのですが、それがとても魅力的だったのです。子どもたちが話を聞いている。わたしの勝手なイメージですが、幼稚園や保育園の子どもたちが大勢集まって、しかも園庭で、あの状況では通常大人の話など聞いてくれない、聞けないと思ってたのです。それが、園長先生の話は聞くし、園長先生もなにか子どもの話題についていけているというか、びっくりしました。その後、実際に保育を参観させて頂いて、本当によかったなと後々思うよ

PART 2 ──保育の質を高める～CASE 11── 107

うになりました。その時の子どもたちの活き活きとした姿は未だに忘れることができません。

幼児教育の場でやっていることが、思っていたイメージと全く違っていた

「決定的に小学校とは違う」「言っちゃ悪いけれど、何もしていないんじゃないの？」

保育参観で、担任の先生が保育室の中にいるというのはわかるのですけれど、本当にどこにいるのかわからない。とにかく子どもたちと一緒に黙々と活動されている点、そこが決定的に小学校とは違う点でした。小学校の場合は教師主体で授業をどんどん進めていくイメージですが、幼稚園で見たのは、先生は何してるんだろう？言っちゃ悪いけれど、何もしていないんじゃないの？と思ったのが最初の一歩でした。

でも、まったくのフリータイムとは違う。子どもたちは自分がやりたいことに集中している。勝手にしなさいと丸投げしていたら、子どもたちは外に行ったり、ぐちゃぐちゃになるんでしょうが、ある規律が取れている。何かが違う。だけれども、それを担任の先生がどう規律だてているのかがわかりませんでした。

以下は中山理事長から聞いたことですが、これが幼児教育でいう"環境を通して行う教育"ということだったわけです。子ども達は日常的に何かを作ったり、ごっこ遊びをしていました。子ども達はそれぞれの場所で小集団を形成し、互いに関わり合いながら遊んでいます。お店を開く時に看板が必要となれば看板を作る、看板をつけた後に何か足りないと感じればそれを作り始める。そのようにして他人と関わり合いながらものを作っ

て遊ぶというサイクルを循環させています。お店で売られる商品や値段も決めるのはすべて子ども自身。同じお店が1か月以上続く場合もあれば1日で終わってしまうこともあるそうです。周りの保育者が何かを無理強いすることはなく、子ども達の主体性に任せるので子ども達は園で自由に過ごしていました。でもほったらかしにされているのでは決してなくて、そこには多くの試行錯誤をもとに確立された様々な配慮と工夫がありました。例えば（とくに一学期）、登園直後はみんなが揃うまで保育室内で過ごす時間を設けて、自然と小集団が形成されるようにする。いきなり屋外に出て遊んでしまうと、子ども達が個々に散ってしまい、すべての子どもに目を向けられない可能性が出てくるそうです。保育者たちは子ども達の小集団活動において「何を面白がっているか」「どこでつまずいているか」を注意深くみつめ、共有して子ども達に必要なサポートは何かを見極めるために、毎日記録をとっているそうです。

主体性を引き出す工夫は遊びにおいてだけではなく、当番活動においても同様でした。年長児への憧れの気持ちから、同じような役割を担いたいと希望する子ども達が増えれば、順番を決めざるをえなくなり、自ずと当番制になる。当番を決めるのは、「みんながやりたい役割だから決める」ということ。つまり、大人にやらされているのではなく、子ども達がやりたいことだから当番決めの役割も子ども達が主体的に担うということに自ずとなっていく。

このような子どもたちの生き生きした様子を見て、小学校でもこれをうまく引き継げば子どもが力を発揮するようになるのではないか、と考えました。

いざ、スタートカリキュラム

　幼稚園と同じように進めてみようと考えた時に、オブザーバーの幼児教育センターの方が、「先生を見て、手伝わせてくださいと来る子どもが必ずいるから、じっと待ちなさい」と言ってくれました。そういう子が来たら、もうほめて、ありがとうとお願いすれば係活動は円滑に行きますよ。ホントかなと最初は思ったのですが、やることに決め、その年の４月から１年生の担任にスタートしてもらいました。

　そして５月、スタートカリキュラムにのって一ヶ月たったらどんな姿になっているか、幼稚園の先生方に見に来てもらいました。私もその時に一緒に授業を見ましたが、授業が終わった時、通常ならば黒板を消す係がありますがこのクラスにはない。さあどうなるかと思ったら、5〜6人の子どもがつつーっと前に出ていって順序正しく黒板消しの仕事をしています。係を決めていないのに、やっている子がいる。

　担任に聞いてみたら、窓係であるとか、電気係であるとか、自然発生的にできたというのです。

　なるほど、小学校一年生でも、幼稚園の取り組みを基盤にすることでこんなことができて、しかもスムーズ。ある意味、モチベーションが違う。通常であれば担任に任されてやるわけなのですが、係を決めない方式だと子どもが進んでやる。その時点で、係に取り組むモチベーションが全く違うと思いました。

　それと、黒板係をやりたい子はもっとたくさんいるわけです。昔の私だったら、こうするといいんじゃない？と子どもたちを納得させるような感じで取り組んでいたと思うのですが、その担任は、「じゃあどうしたら良いの？」と子どもたちに振ったわけです。

　係を決めないという考え方が、他のところにも波及して、子どもたち自身の工夫で学びが積み上げられていく。小学校の学習も成立しているという状況が見られ、驚きといいますか、すごいなーと。これはきっと、これからの学習にも使えそうだと思ったのが、手応えとして感じたことです。

（佐野市立赤見小学校元校長　荒井哲郎）

小学校との接続カリキュラムの開発

内容（年間８回の研究会　その他別途の授業・保育参観）
1. 「自発的な遊びとしての学び」と「自覚的な学び」についての共通理解（5月）
2. 「アプローチカリキュラム」および「スタートカリキュラム」開発のための授業・保育相互参観　その１（6月）
3. 共通理解に基づいた実践のエピソード化とその評価　その１（8月）
4. 共通理解に基づいた実践のエピソード化とその評価　その２（10月）
5. 幼稚園幼児指導要録、入学支援シート等を含む、幼・小の「引き継ぎ」等の検証（11月）
6. 「アプローチカリキュラム」開発（12月）
7. 「アプローチカリキュラム」および「スタートカリキュラム」開発のための授業・保育相互参観　その２（1月）
8. 「スタートカリキュラム」開発（3月）

「自発的な遊びとしての学び」と
「自覚的な学び」の共通理解とは?

　すべての"遊び"は、結果として多くの学びをもたらします。例えば、年長5歳児が、レストランごっこをやる際、メニューを文字で書くなど、より本物らしくやりたくなるよう、保育者が環境を構成したり、状況を作ったりすることで、結果的に多くの学びを得ます。それはまさしくGuided Playであり、そこでの学びは「自発的な遊びとしての学び」です。

　一方、小学校以降の児童が、"めあて"をもって調べたり、話し合ったり、発表したりする学びが「自覚的な学び」ではないでしょうか。今回の指針・要領では「主体的・対話的で深い学び」（アクティブラーニング）が強調されていますが、「主体的」な姿に焦点を当てるとそれは、教師が一方的に課題を与えるものではなく、児童自身が"めあて"もって取り組む学びです。それは言葉を替えると、児童が楽しく、ワクワクするようなPlayful Leaningといえるでしょう。

「アプローチカリキュラム」、
「スタートカリキュラム」とは?

　「アプローチカリキュラム」は5歳児の卒園前の生活、遊び・学び等の育ちに関わるものです。「スタートカリキュラム」は小学1年生のスタート時の生活や学びにおける育ちに関わり、主に生活科を中心に作られるものです。2020年度から全面的に実施される学習指導要領では、スタートカリキュラムを編集することが義務づけられています。一方、アプローチカリキュラムは指針・要領に明記されてはいませんが、この2つのカリキュ

ラムは本来、双方が併せて作られることで意味を持ちます。これらを併せて「ジョイントカリキュラム」、あるいは「接続カリキュラム」ともいいます。いずれにしても、幼児期の学びが小学校教育以降に円滑に接続されることが求められます。

小学校との接続、
何をもって接続できているといえる?

　国が示した次のステップにあるように、授業や行事での園児と児童の交流や、保育者と教師で研究会を持つことなどは重要な接続といえます。これらに加えて、カリキュラムを一緒に編成するなどの取り組みを行うことで、その接続はさらに充実したものになります。そのためには年間を通じて保育と授業を相互参観し、そこでの援助法・指導法、あるいは"ねらい"や"めあて"の在り方の違い等を理解した上で、接続のカリキュラムを編成することが求められます。

　幼保小連携は、今は行政主導でやらざるを得ないという事情がありますから、その中身をどう

市町村ごとの幼小接続の状況

STEP0	連携の予定・計画がまだない。
STEP1	連携・接続に着手したが、まだ検討中である。
STEP2	年数回の授業、行事、研究会などの交流があるが、接続を見通した教育課程の編成・実施は行われていない。
STEP3	授業、行事、研究会などの交流が充実し、接続を見通した教育課程の編成・実施が行われている。
STEP4	接続を見通して編成・実施された教育課程について、実践結果を踏まえ、更によりよいものとなるよう検討が行われている。

文部科学省「平成26年度幼児教育実態調査」2015年

作っていくかということに、議論をシフトしながら進めて行った方がいいかもしれません。

そもそも子どもはどういう存在？

子どもには必ずある種の秩序観があり、これはモンテッソーリもいっていますが、自らが秩序を求めていきます。ですから、子どもたちは何もいわなくても保育室の秩序を作ろうとします。先生の動きをみて、自分は何をしたらいいのかを感じとる力を持っています。ですから、そこをうまく引き出していくのが教育ということです。子どもがどんな存在なのかということについては、小学校よりも幼児教育の場の方が遥かに議論を重ねているといえるでしょう。

子どもが自ら育とうとするためには、動機を育てていくことが一番大事です。幼稚園の保育室では、そういった動機、挑戦心、なになにちゃんと一緒にやってみたいといった気持ちや、一人ひとりの関係の部分をどうやって拾いあげていくか、そこを考えることが大切です。関係を上手に作ることができれば、子どもは自らが育っていく。そして必ず集団の中で一定の秩序を作ります。

幼保小連携は学びのチャンス
「共有すべきはその考え方」

豊かで主体的な学び、深い学びというのはどういう場面で起こるのか、そこを確実なものとして積み上げるために「10の姿」があります。これによって、教育のもうひとつの側面が見えてきます。おそらく、小学校でも参考になるものではないでしょうか。

ですから、きちんとした現代の幼児教育をしているところと、小学校がつながることが望ましいです。昔と変わらない幼児教育をしているところと小学校がつながったからといって、逆効果になりかねません。ですから、今回の指針・要領で示されているような教育というものを、幼児教育が真剣になってまとめていくということと、小学校が資質能力をしっかり育てるということ、これらは実は同じテーマですから、そこは情報交換していきましょうということです。そうやって学び合っていく、教育を変えていくことをしないと、形だけつなげたからといって中身がないということになりかねません。

幼児教育の世界では、"言葉かけ"という言葉をやめようと言っています。教師というのは、どう話すかばかりを考えてしまいがち。うまく喋れば子どもが反応してくれるのではないかと考え、良い問いを出したら考えてくれるのではないかと。しかし実は、子どもたちが何を考えて、何がつまらないのか、一生懸命聞くことが大切です。聞くということを一生懸命にやっていたら、自分が何をしたらいいのか自ずとわかってくるはずです。

つまるところ、幼保小の連携を進めるにあたり、制度的な部分の問題は問題として厳然とあります。そんな中でもまず取り組んでいくべきことは、連携するその中身をどう吟味していくかというところです。個々の個別具体的な方法論がすべてに当てはまるともいい切れません。取り組みを積み上げつつも、共有すべきはその考え方といえるかもしれません。

「あかみ幼稚園」と「赤見小学校」の幼保小連携における実践事例が、ベネッセ教育総合研究所の「まなびのかたち」で記事にまとめられています。
[前編] https://berd.benesse.jp/special/manabi/manabi_23.php [後編] https://berd.benesse.jp/special/manabi/manabi_24.php

カリキュラム・マネジメントと同僚性

保育園　幼稚園　こども園　共通

2018年に改訂された新指針・要領で強調される「カリキュラム・マネジメント」は、わかりやすくいうと昔から大切にされてきた保育の"振り返り"です。子どもの姿はどうだったのか、保育内容はねらいと照らし合わせて適切だったのか、そもそもねらいを見直す必要はあるのかないのか・・・。これを保育者個人が、また、保育者集団が日々の保育記録や実践検討会等で見直しを行い、チームでの「同僚性」を発揮することが、保育の「質」の向上につながります。

1 カリキュラム・マネジメント

こども園あがた幼稚園

年間を通して「あそび」をテーマに行う

　幼保連携型認定こども園教育・保育要領に沿って、自然環境の中で子どもの個性を伸ばすことを柱とし、季節に沿った「あそび」をテーマにしています。単発的なあそびではなく、0歳児から5歳児の年齢に応じて、また、小学校への接続を見通して計画しています。

　例：「山桃あそび」⇒乳児期から、感触を楽しんだり、短冊を染めてみたりします。年齢が上がるにつれて、色水を作ったり、絵を描いたり、染め物をしたり、ジャムを作ったりします。その体験が小学校で植物や生き物をさらに学んでいく意欲につながります。

「振り返り」は遊びのシートにまとめて全員で把握

　山桃を使った遊び各々の年齢で楽しんだ後は、実際に行った活動の内容を1枚のシートにまとめます。「主な活動」を中心として、前後に「事前の関連活動」と「その後の関連活動」を記入します。そうすることにより、0〜5歳児までの活動内容をすべての保育者が知ることができ、活動内容に無理はなかったか、さらに楽しめる内容はないか等を振り返ることができます。そして次年度の活動に生かしていきます。

　このように、「菜の花畑あそび」「木の実あそび」等季節ごとの遊びや地元素材をテーマとした遊びのシートを作成していくことにより、保育者はそれまでと異なる年齢を担当しても安心して活動を行うことができ、子どもたちの遊びの内容も深まっていると感じています。

こども園あかみ幼稚園

振り返りとPDCAによる質の改善

　0〜2歳保育（保育課程）、3〜5歳保育（教育課程）、3〜5歳の午後の保育（異年齢カリキュラム）の中・長期計画を立て、それぞれ省察します。ここには担当保育者はもちろん、隣接する学年の保育者や各学年主任、子育ての支援担当保育者らも参加します。全員参加することで省察の一貫性・一体性が担保され、全体的な計画の振り返りになることを目指します。

　中・長期的なカリキュラム・マネジメントは、年に3回毎学期末に行う実践検討会である「まとめの会」で行われますが、これにとどまらず、日々の保育記録作成や学年会等のミーティングでも、振り返りとPDCA（plan-do-check-action cycles）による継続的な質の改善に努力したいものです。具体的には、保育者が製作コーナーに新たに出した素材（例えば毛糸）は、そこでの環境の構成として適切だったか、あるいはその時の関わり（さりげない保育者自身のつぶやきや、遊び行動のモデル性）は、子どものやる気を向上させ遊びを活性化したかどうか、といったことを省察します。

ワークショップ

ミーティング中！

CASE 2 | カリキュラム・マネジメントと同僚性

振り返りのシート（サンプル）

H29年度 年少組	子どもの姿＆保育者の援助	行事	振り返りの内容
9月 興味関心を持った身の回りのこと（着脱・荷物の整理など）を自分でやってみようとする。 同じ遊びを楽しんでいる友達と一緒にいる心地良さを感じ始める	**＜夏期保育＞** ・各クラス半分くらいの子どもたちが登園　始業式明けでは、泣いたり不安にならずに登園する姿があった **＜理由＞** ・各クラス保育だったので安心していた→その為、泣きが少なかった ・１学期中、各クラスの保育が安定していた→その為、やりたい遊びが決まっていた ・友達と同じことをして遊ぶ心地よさを感じていた（模倣遊び） ・Ｔとの信頼関係が１学に築かれていた ・戸外（砂場での山作りやむっくりくまさん、ばけたくん探しなど）でも友達と関わる喜びを感じていた 　→そこでは、同じ帽子同士（同じクラス）で群れて遊ぶ（クラスごとの遊び保育が影響しているのかも？！） **＜9月後半の遊び＞** ・手遊びや経験したことを遊びに取り入れるおばけ屋敷に発展 ・友達の作るものに興味を示し、模倣遊びやなりきり遊びを楽しんだ ・ばけたくんのために・・・ままごとでのクッキー作りなどを楽しむ ・ばけたくんを見つける為に・・・製作での双眼鏡作りなどを楽しむ 　（EX：あさがお探す姿を見たなでしこ組が真似して双眼鏡を作ってばけたくを探し始めた） 　この時期あたりから"人"を意識するようになった　　　そのことで・・・ 　① 友達が持っているものを自分も欲しい！！作りたい！！という気持ちが高くなった 　② 遊びが持続するようになった 　③ 作ったもので遊びが発展するようになった そして、３クラス **"ばけたくん"** をたのしんでいたことで、運動会のテーマが決定した！！ その中では・・・おばけの世界に浸っていた！！一方で・・・ ・現実的なこと（「いないよ！」「こないよ！」など）を呟く子がいた **＜保育者の援助＞** ・ファンタジーに浸っている友達の呟きなどを集まりなどで話題にしてあげた ・子どもから子どもへイメージや発想が広がるような関わりを意識した このような関わりを通して少しずつ全体的にファンタジーに浸るようになってきた。この姿は運動会後から今でも見られ・・・ ・"ばけたくん"の世界に子どもたち同士で浸れるようになっている ・プレゼントがランチョンマットだったことで共通の話題が図れている ・友達同士で手を繋いで歩く、クラスの友達に声を掛けあうなど、色々な友達を気に掛けるようになった。 この様な姿を踏まえ、友達や保育者との関係が親密となり、また人に目が向き始めた時期に①他クラス合同保育②担任交換を行った。そのことで・・・ ・遊びや生活面で少しずつ色々な友達（他クラスの友達を含む）との関わりが見られるようになった ・外遊び中にクラスに入ってきてくれた他クラスの先生を求め、ばけたくん探しやむっくりくまさんを一緒にやる→結果、自然と他クラスの友達と関わっていた ┌─────────────────────┐ **～食事の席を固定席から自由席へ～** ・スムーズに空いてる席へ座れた　・どこへ座ってよいか分からず戸惑う、泣く ・約束した友達と座れず戸惑う　・強引に友達の席を移動、強要 **＜保育者の援助＞** ・温かく見守りつつ、援助が必要な時にＴ入る　・空いている席を視覚的に分かりやすく伝える └─────────────────────┘ **＜クリスマス会へ向けて＞** クラスでやるものを意識しながらステージに立てた　クラスの集まりで楽しんでいる手遊びや歌をステージで行った "みせっこ"を通して自分のクラスでは○○をやるんだ！と自覚を持ち始めた。 ・見られているという自覚を持ち始める→緊張したりなど **＜今後・・・＞** 様々な遊びや活動を通して、友達と一緒って楽しいと感じてきた。その中で・・・ ・自分のことだけでなく周りにも目が向くようになってほしい ・自分の存在を見てほしい、認めてほしいというところを表現していってほしい ・年中組へ進級することへの喜びを感じていってほしい	8/31 始業式 9/1 手作り弁当 9/30 運動会懇談会 10/2 手作り弁当 10/8 運動会 10/12 内科検診① 10/17 食事配膳取り来る 10/19 内科検診② 10/25 ピカピカ栃木県運動 10/26 一日保育者体験日 11/1 手作り弁当 11/2 いもほり 11/7 担任交換 ㈱ブラシスタート 11/16 焼いも 11/21 食事自由席スタート 11/22 感謝祭 11/28 一日保育者体験日 12/1 手作り弁当 12/6.7 クリスマス会 12/14 もちつき 12/22 終業式 5/25 避難訓練 ※毎月身体測定 ※9・12月ぬか床 ※11/27.30.12/11 豆殻 ※12月～豆選別作業 月１：避難訓練	朝の他クラスとの合同保育をなくし、朝から各クラスの保育にしたことで子ども達の安定する時期が早まり、遊びの自立が早まり良かった。 ファンタジーの世界を通して友達と一緒に過ごし、遊ぶ楽しさを感じていた。 友達が双眼鏡を作ると、それを真似しながら同じように作り、同じしぐさをして一緒に活動する楽しさを感じていた。 気の合う友達と一緒にいる心地良さを感じるという、まさに教育課程3歳のⅢ期（9月上旬～1月上旬）である。 みんなで活動する楽しさを感じるという教育課程3歳Ⅲ期の育ちの概要（集団）の部分にある通りであることを確認。
10月 運動会の活動や好きな遊びを通して、友達と一緒にいる楽しさを感じるようになる			
11月 運動会後、少しずつ友達と一緒にいる楽しさを感じてきたことで、更に遊びを通してみんなと一緒に関わる楽しさを感じるようになる			
12月 友達との関わりの中で、会話する心地良さや言葉を使ったごっこ遊びの楽しさを感じる			

この「子どもの姿＆保育者の援助」は年少クラスのもの。これを話し合いに使う。

PART 2 ──保育の質を高める～CASE 11── 115

2 同僚性

こども園あがた幼稚園

保育者が個性を発揮することで"同僚性"を発揮

「あそび」のコーナーを作りやすいように、各クラスにミニハウスを設置したいという提案が保育者からあり、皆同じようにしようか、どうしようかと保育者同士で話し合いをしました。その結果、各クラスに、メニュー豊富な「カフェハウス」、料理が楽しくなる「ままごとハウス」、ファッション感覚溢れる「おしゃれハウス」、ゆったりくつろげる「絵本ハウス」等ができることになりました。どのハウスも、保育者の個性が溢れています。そこに、自然と個性溢れる子どもたちが集まり、どの子どもたちも幸せそうです。

画一的なチームワークも大切な場面もあるかもしれませんが、保育者同士が「互いを認め合い、発揮した個性が融合して、一人ひとりの子どもに作用していく」、それが保育者の"同僚性"として大切なことなのではないでしょうか。園は、保育者自身が、自分の個性を発揮できる環境でもありたいと考えます。

1：カフェハウスひまわり　2：ままごとハウス　3：おしゃれハウス

こども園あかみ幼稚園

分散型リーダーシップで"同僚性"を発揮

　本園が幼稚園だったころと認定こども園になった現在とを比較すると、「同僚性」の必要性や大切さが説明できます。これはまた、最近、欧米の研究が明らかにしているリーダーシップ論とも関連していると思われます。

　幼稚園だったころは0〜2歳児がいなかったこともあり、園児数も職員数も少人数でした。その後、園児が増えたわけですが、これは単に園児が増えた（特に0〜2歳児がいるようになった）ことで職員の人数が必要になった、というだけではありません。認定こども園は、例えば地域に向けた子育ての支援も法律で義務づけられている施設ですから求められる機能が多様で総合的です。そのような意味からも、認定こども園になり職員数が増えたということになります。

　保育・教育に携わる者だけではなく、子育ての支援担当、学校カウンセラー、放課後児童クラブ指導員、搭乗スタッフを含む通園バス関係職員、地域コーディネータ等が同じ職場で勤務するようになり、職員数の増加と同時に組織の複雑化が、スムーズな組織の運営を大変難しいものにします。加えてそこでは、それぞれの職員が異なる内容の仕事に携わっており、まず情報の共有が難しくなります。さらに、お互いに異なる仕事の内容を理解することも困難になり、そもそもの園の理念を見失いそうにもなります。

　そうなると、園長一人がトップダウンでリーダーシップを発揮することができなくなりますし、そのようなリーダーシップを維持しようとすること自体が、認定こども園での総合的な任務の障壁となってきます。そこで求められるのは、分散型のリーダーシップです。例えば園長、副園長、施設長、副施設長を複数の核としながら、各学年主任がそれぞれリーダーとなって保育教諭と力を合わせ、そこで同僚性を発揮する。そこで同僚性が発揮されると、園の理念や行動指針に沿って自由に話し合い、自分たちで決めたことを実践化することが可能になります。上司の決裁をただ待つのではなく、ある意味無駄な時間と労力を省いた上で、自立・自律的に仕事を進めることで自己肯定感やさらなる意欲を生み出すことが期待されます。

　具体的には、子育て支援センターの職員と一時預かり保育の担当者、さらに未就園親子の会の担当者等が子育て支援チームとして同僚性を発揮する場面では、自分たちの仕事への意欲が高まるだけではなく、より「質」の高い子育ての支援を行うことを目指す動機付けが強められたと感じます。

分散型リーダーシップ

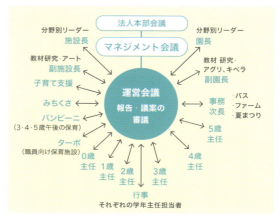

ワークショップ形式で"同僚性"を発揮

　学期末毎に行う「まとめの会（実践検討会）」ではワークショップの手法を取り入れています。新規採用の保育者でも安心して発言できるよう、少人数単位のワークショップ形式で行っています。そうすることで同僚性の力が発揮されます。

　日々の保育記録をもとにした学年会のミーティングでも、学年主任を中心にした同僚性の発揮を期待したいものです。主任がファシリテートすることで、保育経験の浅い保育者が安心して発言できるよう進めます。そこでは、時には付箋を使ってそれぞれの保育者の考えをメモ化してから話を始める、という手法も有効になります。

　全体的な計画での「ねらい」を確認した上で、その「内容」として何を実践するのか、そこでの関わりや環境はどうあったらいいのか、自由に何を言ってもいいという前提で、何を言っても大丈夫という環境の中で、楽しく話し合うことで、保育者自身の自己肯定感も高められるのではないでしょうか。

「10の姿」①〜⑩と照らし合わせ、その姿になるまでの過程とその先を予測し付箋に書く。年齢別に付箋の色を分ける。該当場所に出た意見を書いて貼る

CASE 2 | カリキュラム・マネジメントと同僚性

ワークショップ後

　ワークショップで「幼児期の終わりまでに育ってほしい10の姿」の"自然との関わり"が不足していると感じた保育者がいました。そこで、地域の元気な高齢者が集う「ファーム」とともに、畑の渋柿を使って干し柿作りをやってみようと考えました。「何してるの？」「渋柿が美味しくなるんだよ」というやり取りをしながら「ファーム」の人たちが行う干し柿の作業に子どもたちが関心を示したことから、この作業を毎日記録してみることにしました。そしてこの経験がその後、干しいも作りにも発展することになりました。

PART 2 ── 保育の質を高める～CASE 11　　119

多様な保育時間への対応

`こども園` `幼稚園`

「教育課程に係る教育時間」後のおおむね午後2時以降に帰宅する1号認定※の子どもと、それ以降の「午後の保育」で生活する2号認定※の子どもが一緒に暮らす認定こども園では、多様な保育時間への対応が求められます。早く帰る子どもと夕方までいる子どもが混在することをネガティブにとらえず、むしろポジティブにとらえ、プラスに変えていくことはできないでしょうか。多様な保育時間への対応を考えることは、幼稚園の預かり保育の「質」の向上にもつながります。

※1号認定：幼稚園籍のようなもの。2号認定：保育園籍（3・4・5歳）のようなもの。3号認定：保育園籍（0・1・2歳）のようなもの。

1 「教育時間」と「午後の保育」との連続性を担保する

こども園あかみ幼稚園

「教育課程に係る教育時間」後の「午後の保育」では、3・4・5歳の異年齢クラスにそれぞれ担任を配置しています。この「午後の保育」の担任は、午前中の年齢別クラスによる「教育課程に係る教育時間」ではサブの保育者として関わっています。このことにより、「教育課程に係る教育時間」と「午後の保育」との連続性が担保できるからです。そしておおむね午後2時には、そこから合流する保育者とともに毎日ミーティングを行い、それぞれの情報の共有を図っています。なお、「教育課程に係る教育時間」の担任はおおむね午後2時以降、ノンコンタクトタイム（第2部-4参照）として翌日の保育の準備やミーティングを行います。

この「午後の保育」では、年少児が年長児から遊びの刺激を受けるなど異年齢で過ごす良さが見られています。そこで刺激を得た年少児は、翌日の年齢別クラスで遊びのリーダーとなることが多く、「午後の保育」が1号認定の子どもにとってもメリットとなっています。

向山こども園

子どもも大人も、オン・オフ両方の時間が大切

こども園は、すべての子どもを対象にしている総合施設ですから、今一度改めて子どもの1日の時間を考えていく必要があると感じています。特に、1号認定と2号認定の子どもが混在する3・4・5歳児は、時間によって、集団の構成メンバーが変わるため、生活の場も変える必要があります。

あかみ幼稚園の保育者の体制

平成30年度クラス（園児数）およびスタッフ（保育者の人数）　H31.3月現在

凡例： 学年主任 ／ 担任 ／ 副担任 ／ サブフリー ／ 保育補助

学年	クラス数	人数	保育者配置人数	
0歳児	1	12人（随時入園12人まで）少人数のグループで個別対応	担任2人 ＋ 副担任2人 ＋ サブフリー1人	1人 ＋ 1人
1歳児	1	24人 少人数のグループで個別対応	担任2人 ＋ 副担任6人	
2歳児	2	23人／24人 少人数のグループで個別対応	担任4人 ＋ 学年主任1人 ＋ 副担任4人 ＋ サブフリー1人 ＋ 保育補助1人	
3歳児	4	21人／21人／21人／21人	担任4人 ＋ 学年主任1人 ＋ 副担任4人 ＋ サブフリー2人 ＋ 保育補助2人	
4歳児	3	28人／26人／27人	担任3人 ＋ 学年主任1人 ＋ 副担任3人 ＋ サブフリー2人 ＋ 保育補助2人	
5歳児	3	32人／32人／33人	担任3人 ＋ 学年主任1人 ＋ 副担任3人 ＋ サブフリー1人 ＋ 保育補助2人	

担任以外のサブ職員は園児数の変動や状況に応じて配置換えがあるので、配置数は若干変わります。この他に、それぞれの立場の職員（養護教諭、看護師、カウンセラー、バススタッフ、事務なども含む）が、連携を図りながら子どもたちとかかわっています（教職員の総勢は、89人）。また、資格を持たない保育補助が食事の配膳や着がえの手伝いなど、保育の補助を行なっています。

3・4・5歳児　午後の異年齢保育の体制

クラス数	人数	保育者配置人数
4 ＋ 臨時クラス1	29人／27人／28人／28人 ／ ～10人	担任4人 ＋ 1人 ＋ 学年主任1人 ＋ サブフリー6人 ＋ 保育補助2人

午前中の年齢別クラス

午後の保育で年長児から遊びの刺激を受ける

1：5歳児がクラスでの「作戦会議」　2：ゆうやけの時間は座布団でゴロゴロ　3：クラスの時間、同年齢で楽しい遊びを楽しむ　4：ゆうやけの時間、自分でじっくり本を読むなど、ゆったりとした時間を過ごす

　1・2号の子が混在する教育時間と2号の子中心の午後の保育。午後の時間は1号の子は地域に帰り、2号の子は園に残る。だとすれば、園の中により幅広い世代との関わりができる場を作りたいと考えています。

　教育時間は、園の中での3・4・5歳。5歳の子が最高学年になる子どもたちの時間です。午後の保育は、社会の中の3・4・5歳。地域の中の幼児になれる時間です。大人にも、会社の時間と家族や友達との時間があるように、子どもにも1日の中で様々な立場で身を置くことができる時間があることが大切だと考えています。

2　午後の時間はあえて多様な関わりを生み出す

保育者は、子どもとボランティアさんのコーディネーター

　地域社会の中での生活を作るために、様々なボランティア（地域の先生をコミュニティーティーチャーと考え、向山園では愛称コミちゃんと呼んでいます）を入れ、多様な関わりを生み出す必要があります。そのため、午後の保育の担当保育者は、他世代のコミちゃんと子どもをつなぐコーディネーターになる必要があります。

　クラス担任は子ども同士のコーディネーターであり、午後の保育は子どもと他世代をつなぐコーディネーターとなることがその専門性といえるのではないでしょうか。

1：小学生もコミちゃんとしてボランティアに参加する　2：音楽サークルの方の練習の間に入って聞きいる子どもたち　3：チャリティーバザーの用意をする大人の中に入って会話にも参加　4：ピアノの練習をしている大人の姿も、大切な人的資源となる

3 「生活のリズム」・「養護」

こども園あかみ幼稚園

一人ひとりの生活リズムを見つめる

　幼稚園が認定こども園に移行する時に大きな壁といわれているのがお昼寝問題です。そのお昼寝を代表例として、食事の摂取量や食事にかかる時間も体力や個人差が大きいものです。だからこそ、大人の都合で規定してしまうのではなく、子どもにとって必要な生活とは何か？を改めて見直す必要性を感じます。

　園ではお昼寝のことを考えますが、子どもの24時間の生活に視野を広げると、むしろ夜にどれくらい睡眠をとっているかが重要という研究を多く目にします。そのため、夜8時に就寝できているかどうかを基準として、お昼寝の時間を調整するようにしました。「お昼寝を1時間して、夜10時に寝ている」というのは、子どもの成長を阻害してしまうので、お昼寝の時間調整を行う必要があると思います。

　大人の勤務時間などはとても大切ですが、まずは子どもの生活時間をしっかりと把握し、理論的な裏付けに基づいた適切なマネジメントを保育者も保護者もできるようにする必要があります。

スヤスヤ、ぐっすり…

CASE 3 | 多様な保育時間への対応

1日の流れ

0歳児：6ヵ月〜	
7:30〜8:00	早朝保育
8:00	順次登園
	室内での遊び
9:30	おやつ
10:00	室内や戸外での遊び
	（午前睡）
11:00	離乳食・授乳
	室内での遊び
	午睡
15:00	離乳食（2回食）・授乳及びおやつ
	室内や戸外での遊び
16:30〜17:00	順次降園
17:00〜18:30	延長保育

1歳児	
7:30〜8:00	早朝保育
8:00	順次登園
	室内での遊び
9:30	おやつ
10:00	室内や戸外での遊び
11:30	昼食
12:30	午睡
15:00	おやつ
15:30	室内や戸外での遊び
16:30〜17:00	順次降園
17:00〜18:30	延長保育

2・3・4・5歳児　2時降園の場合	
7:30〜8:00	早朝保育
8:00	順次登園
	室内や戸外での遊び
10:00	年齢別カリキュラムによる保育
	室内や戸外での遊び
12:00	昼食
13:30	集まり＆さようなら

1号認定	2号認定のお子さん ＋ 預かり保育のお子さん		3号認定のお子さん	
14:00〜　順次降園	異年齢カリキュラムによる保育	15:00　おやつ	12:30	午睡
		室内や戸外での遊び	15:00	おやつ
		16:00　順次降園		室内や戸外での遊び
		〜18:30　降園	16:00	順次降園
	預かり保育 ※希望者利用 別料金 ※1号認定の方は18:00までのお預かり ※3歳以上の午睡は、養護教諭の部屋で個別に対応		〜18:30	降園

（あかみ幼稚園の例）

CASE 4 ノンコンタクトタイムを作る

保育園　幼稚園　こども園　共通

ノンコンタクトタイムとは、保育から離れて、保育に関する振り返りや計画等についての話し合いを行ったり、翌日の保育環境の構成等を準備したりする時間です。子どもと接しない時間のことをいいます。見方を変えると、この時間を持つことで初めて、保育の質の向上が可能になるといえます。何としてもノンコンタクトタイムは作り出したいものです。

ノンコンタクトタイムの作り方

　認定こども園に移行すれば1号認定園児の担当保育士がノンコンタクトタイムを作ることができますが、そうでないとすると、保育士の人数を増やすことで保育から離れることができる状態を作る努力が必要となります。その場合は併せて、本当に必要な業務を厳選するなど、仕事の見直しも必要になってきます。

　認定こども園では、1号認定の園児がおおむね15時には降園するので、この後の時間がノンコンタクトタイムとなります。そこでは保育者同士で保育の振り返りをしたり、記録を書いたり、あるいは次の日の保育の計画や準備、行事についての話し合いもします。

　幼稚園では、預かり保育が専任の担当で行われているのであれば、教育課程に基づく教育時間の担当保育者は、その後、ノンコンタクトタイムで記録や翌日の打ち合わせ、準備等にあたることができます。預かり保育の質の向上のためにも、教育課程に基づく教育時間と連携した上で、預かり保育専任の担当が保育にあたることを求めたいものです。

何よりも必要なことは変化を恐れないこと

　働き方の見直しをする上では、限られた時間をどのように使うのかが大きな課題です。仕事の内容を変えたり、子どもの成育環境の変化等に応じて今では必要のないものをなくしたりする必要があります。そのためにはそこで大切にすることは何なのかを改めて確認し、そのためにより良いやり方があるのであれば変えるという意識を持たねばなりません。現場の保育者たちが本気でそう思うのか、が問われます。

「ノンコンタクトタイム」を作るにあたって確認してみよう

- ☑ 「やるべきこと」はリスト化してありますか？
- ☑ 「ここは〜する時間」という時間の管理はできていますか？
- ☑ その行事、本当に必要？再検討してみましたか？
- ☑ 写真は撮ったらすぐ、整理していますか？
- ☑ 抱え込んでいませんか？ほかの保育者に信頼してお任せしていますか？

CASE 5 記録の取り方・活かし方

保育園　幼稚園　こども園　共通

「記録」は、保育を省察する際のベースになるものです。PDCAサイクルを循環する土台となります。言葉を替えると、「記録」は、保育の質を向上させるために不可欠なものであるといえます。さらに、保育記録はその省察を通じて保育者が自分自身を振り返り見つめ直すことで、保育の基本を土台にしながらも、自分らしい保育を創造するツールにもなります。「記録」は保育者自身の自己教育を促すためにも、重要なものであるのです。

記録とは

保育記録は保育者がその日の子どもの姿や育ちを振り返り、構成した環境や関わり、保育者の援助がねらいや子どもの姿に沿っていたのかを省察し、それをもとに翌日の保育のあり方を考察するためのものです。

何を使う？ 書式はどうする？

限られた時間の中で、実際に使える記録をどのように書くのかは大きな課題です。これを紙で書くのかタブレット等の端末で作成するのか、そして必要な事柄を記録するための書式はどうあるべきかなど、考えなくてはならないことは多岐に渡ります。

記録内容を厳選する

ここで大切なのは、記録を作成する作業の省力化だけではなく、そこに書かれなければならないことが何なのかを厳選することです。例えば、❹子どもはその遊びで何を面白がっていたのか、そして、❺子どもはその面白さを追求する上で何につまづいていたのか、さらに、❻保育者はそのような姿をもとに明日どのような援助をしたらよいのか、といった事柄は、日々の保育でらせん状に循環していくものです。記録には書かれなければならない内容であるといえます。

指導要録の基礎として

日々の保育記録は、短期的なPDCAサイクルの要であるだけではなく、「幼児指導要録」につながります。また、長期的な振り返りの土台ともなります。指導要録を、小学校に提出しなければならない義務的で特別なものととらえるのではなく、日々の保育の延長にあるものとして、保育者自身の省察、ひいては保育の質の改善、そしてさらには小学校教育への引き継ぎに結びつけていきたいものです。そのためには、日々の保育記録と指導要録との連動など、ICT化による省力化も大切になるでしょう。

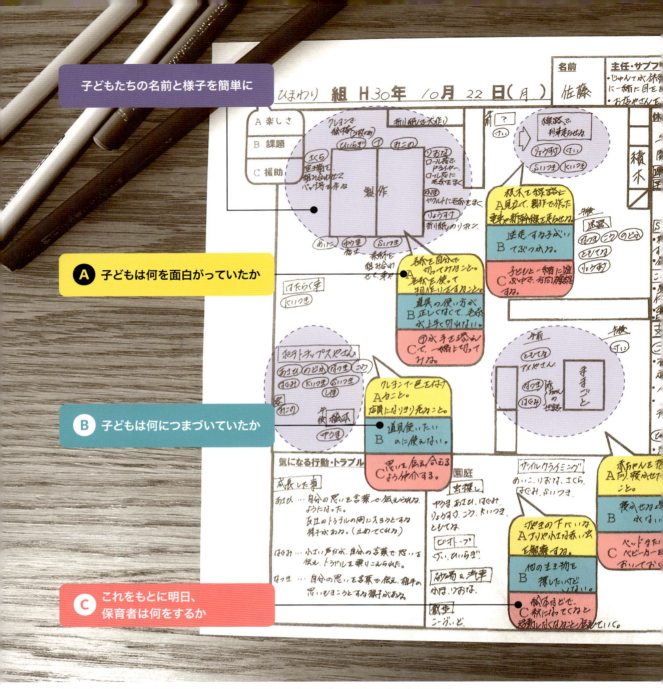

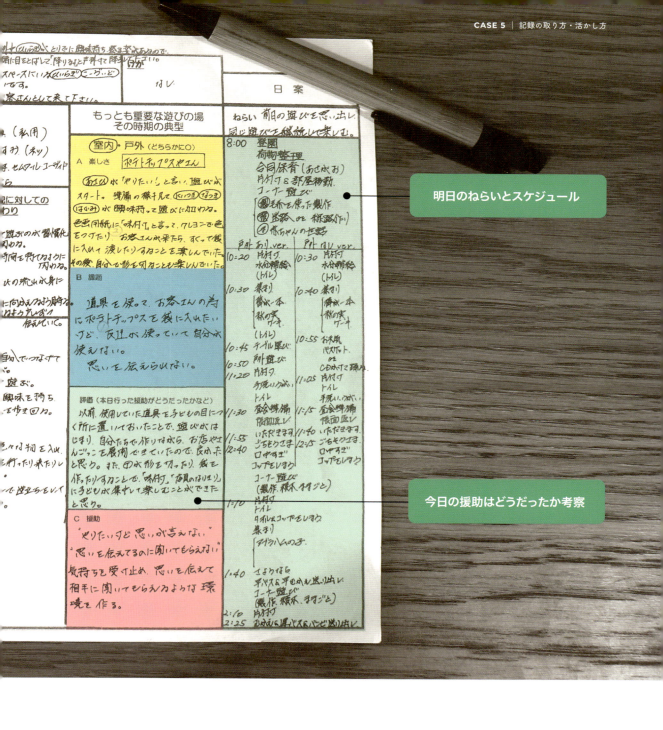

「10の姿」の分析と検討会（カンファレンス）の行い方

保育園　幼稚園　こども園　共通

「幼児期の終わりまでに育ってほしい10の姿」を理解したとしても、それらをどのように自分の保育に活かすかは、また別の難しい課題です。その課題に応えるためには、同僚性をベースにした検討会（カンファレンス）が有効です。保育における遊びの援助等では、小川博久氏[※]が主張する通り、普遍的なセオリーが求められます。どのように保育を行うのかという援助法（教授法）では、「環境を通して行われる教育」等幼児期の発達に見合った方法が必要だということです。自らの保育を振り返ったり、それを土台に翌日どのような内容の保育を行うのかについては、「10の姿」を使ったカンファレンスで相互に学び合うような取り組みが大切だと考えます。

※小川博久氏：日本の幼児教育学者。東京学芸大学名誉教授。著書に「保育援助論」「遊び保育論」（ともに萌文書林刊）などがある。

「10の姿」は改善のための視点

「幼児期の終わりまでに育ってほしい10の姿」（以下、「10の姿」）は、5領域を土台に保育者や教師が、子どもの育ち行く姿や保育・教育のあり方を診断し、それらを改善していくための視点であると考えます。それゆえ「10の姿」は、幼児期の終わりの時期までに〇〇を育てなければという、到達目標ではありません。

こども園あかみ幼稚園

「10の姿」を使って日々の保育を振り返る

この「10の姿」で日々の保育を振り返ると、いろいろなことが見えてきます。東洋大学の高橋健介氏と協働して取り組んでいるカンファレンスのための「10の姿」の分析では、タブレット端末を使って取った保育記録に登場する「10の姿」の頻度が棒グラフで可視化されます。そして、それぞれの保育者が「10の姿」のどの姿に重きを置いていたのかという、意識の偏りが明らかになります。画面1では、「10の姿」の「豊かな感性と表現」の出現回数が最も多く、「健康な心と体」の出現回数が最も低いことがわかります。

保育者たちはこの分析結果を用いて、保育の見方を改善するためのカンファレンス（検討会）を行います。そうすることで、「10の姿」の中でこれまで自分があまり見てこなかったいくつかの「姿」にも意識を置くことができるようになります。

このカンファレンスではさらに、それぞれの遊びや活動のどこに「10の姿」の何が存在するの

CASE 6 |「10の姿」の分析と検討会（カンファレンス）の行い方

保育記録に登場する「10の姿」の出現回数

6月から10月までの「10の姿」の出現回数分析

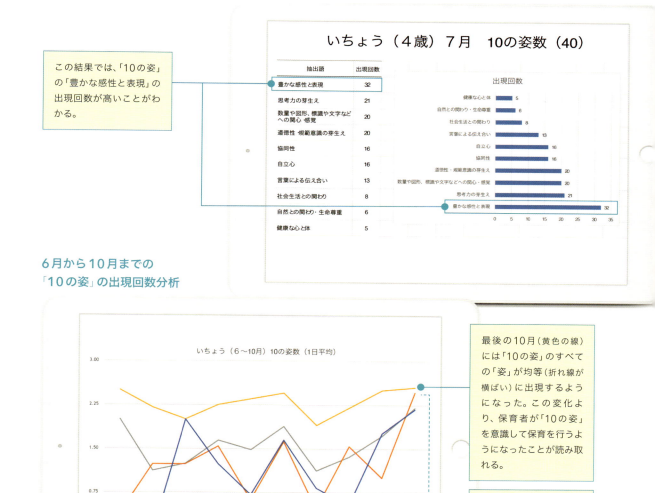

この結果では、「10の姿」の「豊かな感性と表現」の出現回数が高いことがわかる。

最後の10月（黄色の線）には「10の姿」のすべての「姿」が均等（折れ線が横ばい）に出現するようになった。この変化より、保育者が「10の姿」を意識して保育を行うようになったことが読み取れる。

6月から9月までは同じような折れ線、つまり「10の姿」は同じように出現していた。

PART 2 —— 保育の質を高める〜CASE 11 —— 131

かを見極める、保育者の保育を見る力（診断する力）の向上が促されます。ひとつの遊びや活動の場には「10の姿」が複数見てとれるのは事実ですが、保育者は当初「10の姿」の内容をあえて吟味せず、ひとつの遊びや活動の場に多くの姿を書き込んでしまいます。

　本記録を樋口耕一氏によって開発されたKH coder※によって分析し、「10の姿」と「遊び・活動」の関連を対応分析によって図に表してみました。すると、ある月の記録からはどの遊びや活動も「10の姿」それぞれとの関連において特徴のないものとして、タブレットでは画面の中央に重なる円の形で示されます。

　ところが保育者が遊びや活動をよりよく見てとり、それぞれに見られる「10の姿」を吟味して書き込めるようになると、それらの遊びや活動は特徴豊かなものとして、画面全体に分散した円で可視化されるようになります。この変化は保育者の保育を診断する力の向上を意味します。

保育を"見える化"するには「ツール」が必要

　遊び保育をめぐる援助法では、「環境を通して行われる教育」等普遍的なセオリーが求められます。しかし保育の内容や子どもの育ちの見方等に関しては、それぞれの保育者が他の保育者との対話や同僚性の中で、多様な気付きを得ながら自らの保育を向上させてほしいと願います。そこで行われるカンファレンス（検討会）では、語られる言葉と同時に保育を見える化するツールが必要になります。

※KH Coder　テキスト型データの計量的な内容分析もしくはテキストマイニングのためのフリーのソフトウェア。各種の検索を行えるほか、どんな言葉が多く出現していたのかを頻度表から見ることができる。

子ども達の活動の中に「10の姿」が見て取れる"場所"

最初は「10の姿」の内容を吟味せず同じ場所に多くの姿を書き込んでしまうことから、同じ場所に多くの「10の姿」が表現される。

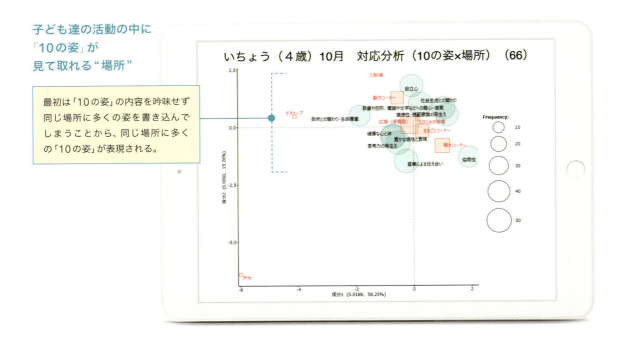

CASE 6 | 「10の姿」の分析と検討会（カンファレンス）の行い方

子ども達の活動の中に「10の姿」が見て取れる "場所"

「10の姿」の内容を吟味して記録を書けるようになると、活動の場所が特徴付けられ、丸が分散する。

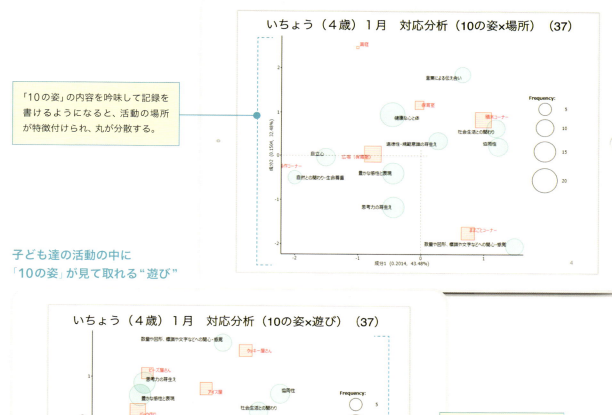

子ども達の活動の中に「10の姿」が見て取れる "遊び"

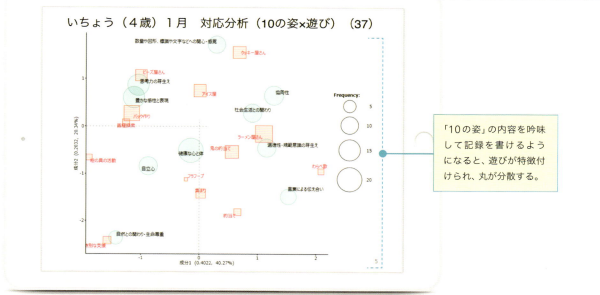

「10の姿」の内容を吟味して記録を書けるようになると、遊びが特徴付けられ、丸が分散する。

PART 2 —— 保育の質を高める～CASE 11 —— 133

0〜2歳児保育

保育園　こども園

2018年に改訂された新指針・要領でやはり強調されたのは、3歳未満児保育の大切さです。これは前回改訂されてから10年の年月の間に、家庭や地域における乳幼児の成育環境が大きく変わり、保育園や認定こども園を中心に、0〜2歳児の保育をより丁寧に実施していく必要性に迫られたからといえるでしょう。

ここでは、「生命の保持」や「情緒の安定」といった養護の視点はもちろん、ねらい及び内容において、ア：健やかに伸び伸びと育つ、イ：身近な人と気持ちが通じ合う、ウ：身近なものと関わり感性が育つ、といったことが示されています。

1　「個」のペースを何よりも大事に

こども園あかみ幼稚園

かつては1歳児でもみんなで一緒に「いただきます」をしていました。しかし、月齢差が激しいこの時期は、午前中の遊びから排泄そして食事、さらに午睡に至る場面で、それぞれの個のペースを大切にすることが、子どもにとっても保育者にとってもより良いということを学びました。今では「個」のペースを何よりも大事にしています。

小さな集団で生活

具体的には、遊びに区切りがついた子どもから、小さな集団ごとに排泄そして食事へと移行するようにしています。このことにより、もっと遊びたい子どもの欲求を満たしながら、早めに食事をして午睡に入りたい子どものペースも大切にすることが可能となりました。結果的に、排泄のところで何人もの子どもを待たせることもなくなり、保育者は子どもの日々の成長にゆったりと関わることができるようになりました。

保育者自身に、今までは「待っててね」が多かったけれど、今は「待ってるからやってごらん」と言えるようになった、という気付きもありました。

一方、この小さな集団には専属となる保育者が担当として関わることで、今日さらに重要性を増している、"愛着の形成"にも寄与できるということを確認しました。

2 緩やかな担当制

こども園こどもむら

担当以外の保育者との関係づくり

保育者との愛着関係や自己肯定感、信頼感を育むための緩やかな担当制保育を取り入れ、一人ひとりの発達に応じた柔軟な保育をこころがけます。信頼関係を築くために担当者は必要ですが、一人で保育の全時間をカバーするのは不可能です。担当以外の保育者も子どもたちとの関係を作っていきます。

子どもたちとの様々な関係づくり

	みなと	かいお	ももか	あやと	よしき	りく
お迎え	19:00 (母)	10:30 (祖母)	17:30 (母)	18:00 (母)	16:30 (祖父)	18:30 (母)
食事・排泄	全 ・10:00 ウンチ(良)	ー	完食 ウンチ 12:00	完 ・	少し残 15:30	完 ・
連絡（様子）	夕方は、大きな子と遊ぶことを喜ぶ！！	都合により早退 / 明日は母の送迎 通常7:30〜	セキあり（午睡中に多い）/ 夕…セキ続く	明日より母親産休に入る	鼻水多い / 祖父母に連絡する。明日、帽子を持ってきてほしいと伝える	鼻水多い / 18:00 熱38℃
睡眠	12:00〜14:00	ー	12:30〜14:10	12:35〜15:00	12:33〜14:30	12:10〜14:40
検温	10:00…37.0℃ / 14:30…36.8℃ / 16:00…37.0℃	10:00…36.3℃	12:00…37.1℃ / 14:50…37.0℃	12:00…36.5℃ / 15:00…36.7℃	12:00…36.7℃ / 16:00…36.3℃	12:00…36.9℃ / 16:00…37.1℃

一時預り…かいくん 4/1〜16:00）朝・祖母
ランチ…トマト（口の回りかぶれ気味）　親・おば(母方)
食後…ミルク200ml

その日の子ども達一人ひとりの様子を全員で把握

保育室のボードで子どもの様子を共有

　月齢や保育経験によって、1対3でゆったり過ごし、少しずつ安心感を育てていきます。保育室のボードには睡眠や排泄、一日の様子を記入することで子どもの様子を理解することができるようにしています。このことを実践していくには職員間の話し合いが不可欠です。

子どもたちが自分で
考えて決めることを保障する

　遊びに誘導するリーダー、自分で気持ちの切り替えができない子などを見守りつつ援助をしながら寄り添うサブリーダー、片付けや次の遊びの準備を行う雑用を担当しながら日によっては学年を超える緩やかな担当者、そういった職員の配置をすることで、子どもたちが自分で考えて決めることを保障しています。工夫しながら、全クラスで柔軟な配置を行っています。

CASE 7 ｜ 0〜2歳児保育

PART 2 ── 保育の質を高める〜CASE 11 ── 139

乳児保育の3つの視点

　今回の保育所保育指針と認定こども園教育保育要領の改定・改訂で、0歳つまり乳児の保育のねらいや内容が別に記載され、この年齢独自の目標が書き込まれました。これは歴史的に画期的なことです。

　乳児の保育は5領域で目標化されず、3つの視点で目標が書かれています。
3視点とは「❶健やかに伸び伸び育つ　❷身近な人と気持ちが通じ合う　❸身近なものと関わり感性が育つ」です。

　これを見て5領域と少し違うと思った方もいるのではないかと思いますが、よく読んでみましょう。❶の「健やかに伸び伸び育つ」は5領域の「健康」領域とほとんど重なっています。❷の「身近な人と気持ちが通じ合う」も5領域の「人間関係」とほぼ重なりますし、❸の「身近なものと関わり感性が育つ」は5領域の「環境」とそっくりです。

　そうです。3つの視点は、5領域をかなり意識してつくられているのです。5領域にはその他に「言葉」と「表現」がありますが、「言葉」は発声などの身体能力の育ち、安心して身を任せることができるような対人関係の育ち、そして伝えたい内容になる周りの世界に対する理解等の育ちの合力で生まれるものです。これは、「言葉」は「身体」「対人関係」「環境」の育ちの接点で生まれるものということを意味しています。「表現」も同じです。

　ですから、3つの視点は「言葉」や「表現」を無視しているのではないのです。「言葉」や「表現」の力が大事だからこそ、その基礎となる3つの力を丁寧に育てていこうというのが今回の主旨になります。

　いずれにしても、0歳児の保育の育ちの視点が示されたことは、保育を"意識的な育ちへの援助"としていこうとする課題にとって、大きな意味を持ちます。

3つの視点

- 領域「表現」
- 領域「人間関係」
- 領域「言葉」
- 領域「健康」
- 領域「環境」
- 身近な人と気持ちが通じ合う
- 身近なものと関わり感性が育つ
- 健やかに伸び伸び育つ

2歳から3歳児保育への移行

保育園 **こども園**

2歳から3歳になるにあたって、子どもがどのように発達していくかといった視点に加えて、認定こども園には、2歳児クラスからの進級児と3歳の新入園児が一緒に生活することになる難しさがあります。集団での生活をどれくらい経験しているかという経験年数の違いについても、これをネガティブな要素ではなくポジティブな要素にとらえていくことははたして可能でしょうか。このことに丁寧に対応することが、家庭や地域における乳幼児の成育環境が大きく変化したことで顕在化している、3歳から入園する1号認定子どもの保育の課題（オムツをしている子どものトイレトレーニングの遅れ、同世代や異年齢の関わりの経験が不足していることに伴う人と関わる力の育ちにくさなど）にも応えることになるでしょう。

集団生活の経験年数の違いへの配慮

こども園あかみ幼稚園

連続性を持ち、安心感が得られるように

　3歳から新入園児が加わるという課題がありますが、この課題に丁寧に向き合うと、逆に良さが生まれます。それは、先輩園児である進級児が遊びでも生活でも、3歳・新入園児のモデル（お手本）になる、ということです。

　本園では、0〜2歳まで「緩やかな担当制」をベースにして、生活面では特に小さな集団で活動するようにしていますが、2歳・3号認定の子どもは、4月1日から3歳児クラスの一員として終日保育の環境で暮らすようになります。ここではまず、従来から園にいた進級児がいきなり大きな集団で動かされないようにします。3歳児クラスの副担任が前年度の末から少しずつ関わり、関係作りをするなど、園児が安心して過ごせるような配慮をしています。一方、環境面では新入園児と食事のテーブルを別なものにするなどして、今までと同様のペースで食事を楽しむことができるようにしています。連続性を持ち、安心感を得られると、進級児のモデル（お手本）行動が期待できるようになります。

1：大きな集団にせずに小さな集団で　2：今までと同じペースで食事ができるよう新入園児とテーブルを別に

CASE 8 ｜ 2歳から3歳児保育への移行

こども園あがた幼稚園

進級児への大きな信頼

　すでに園生活に馴なじみ、遊びを存分に楽しんでいる進級児の存在は大きく、新入園児もその姿を見ながら徐々に園生活を理解し、楽しむようになっていきます。初めて入園した子どもや保護者は不安もあるかもしれませんが、楽しそうに遊ぶ同年齢の子どもに期待感や安心感を抱くようです。

一斉受入から個別受入へ

　あがた園では、3歳児の4月入園は減少し、現在では、入園してくる子どもの年齢も時期も様々になってきました。そこでは個々人への特別なケアを心掛けています。幼い子どもが初めて集団に入る時の不安と保護者の思いをくみ取り、個別相談や保護者同伴の慣らし保育を丁寧に行います。

　母親に見守られている安心感は子どもの気持ちを落ち着かせます。一方、保護者も慣らし保育の間に保育者と会話をして園の様子を理解することができます。その後は少しずつ、親と離れる時間を長くしていきます。

　子どもが園で楽しく過ごすことができるような生活環境を私たちが考えていくと、あとは自然と子ども同士、仲間が支えてくれていることを実感します。

保護者の安心感

　子育てサロンを充実することで、保護者が子どもが園に通うことに安心感を抱いたり、保護者同

3：進級児が新入園児のお手本、あこがれに　4：進級児のノリがクラス全体に…

PART 2 —— 保育の質を高める〜CASE 11　143

士が知り合いになって情報交換をしたりすることで安心感が得られるようです。

入園後も、保護者が日案・週案、その日読んだ絵本、活動写真等掲示物を見られるようにすることで、さらに安心感も増すようです。

1：保護者も一緒に慣らし保育をして子どもも保護者も少しずつ慣れていくを保護者も見ることができる　2：子育てサロンで親子で制作。園への安心感も育まれる　3：その日の活動

CASE 9 | 子育ての支援

子育ての支援

保育園　幼稚園　こども園

在園時の家庭と在宅で子育てをしている家庭の双方への支援が、制度として求められています。親たちは時には支援を要する弱い存在の場合もありますが、それぞれに得意なことを持ち寄ったり仲間作りで力を発揮したりして保育に参画すると、保育の質の向上にまで貢献できる存在になります。

親たちを支えつつ、"お客様"にしないための仕組み作り

こども園あかみ幼稚園

親と園がイベントを共催

　在園児の親たち同士が顔見知りになり関係を深めると、保育への参画を促すことにつながっていきます。その仕組み作りのひとつの例が、あかみ幼稚園で20年以上続いている夏祭りです。

　これは、親と園とが共同主催で行うイベントで、全員が祭りを"行う"側になります。地域から約2,000人の集客があるこのお祭りでは、専業主婦家庭・共働き家庭の別なく、それぞれが得意なことで力を合わせ、お祭りを盛り上げます。

相談事業

　相談事業は、対象や内容によって多様な対応が想定されます。在園児の保護者の場合、そしてその内容が日々の保育の中での悩みであれば、支援にあたるのは学年主任や副園長であるかもしれません。これが子どもの発達や特別支援に関わることや、複雑な家族の問題であるような場合では、スクールカウンセラーが対応します。さらに、これらの問題は地域の医療や療育等の専門機関との連携が重要であると考えます。一方、対象が地域の在宅子育て家庭の保護者である場合には、地域子育て支援拠点事業（支援センター）の職員がまず対応し、必要に応じてスクールカウンセラーのカウンセリングを提案していきます。この場合は要保護児童対策地域協議会等、市や町の行政との連携も重要です。昨今、虐待等の問題も顕著になり、時には緊急性のある案件も散見されるからです。

クラス懇談会「テレビをどのように見せてますか」などテーマを決めてワイワイガヤガヤ…話し合い

向山こども園

在園児保護者の支援〜
こども園は大人の仲間作りの場

　大人が仲間づくりをする時、何かを達成する達成感を一緒に味わうということもとても大切なことです。向山こども園では、「大人が世界の困難に直接関わっていく背中を見せることもひとつの大切な教育」という考えから、チャリティーバザーには全保護者が何らかの形で関わることを大切にしています。

　もちろん、温度差は人それぞれあり、毎年保護者も悩みます。でも、それは子どもも同じ。人が集まれば摩擦が起きることも同じです。そこにばかり目が行きがちだと回避したくもなりますが、人とのつながりができる場になっていることを忘れてはいけません。

　認定こども園では、在園児の生活の多様化により、人が集まるタイミングがあまりありません。集まる機会が作りにくいのですが、クラス単位という考え方だけではなく、学年単位ややりたいこと単位など、集まる単位を変えてみる工夫をします。そのようにして、大人にとっての仲間づくりの場に変えていっています。

在園児保護者の支援〜
大人も子どもも関係ないみんなのイベント

　創立記念祭は親子で楽しめるものを追求しています。この年は、クロスカントリーレースをやりました。

　1組目は保育者、2組目からは保護者。各組の1位が決勝進出。決勝進出者の賞品はカフェの親子

1：チャリティーバザーは保護者の力作ぞろい。収益はすべて世界の困っている方の元に　2：木工イベントで作った机で、仙台名物の芋煮を家族で…　3：My箸づくりに真剣なお父さん

ランチ券。優勝者には園内のカフェのディナー貸切券1万2千円相当が授与されるとあって、大人も子どもも兄弟も先生も誰も遠慮しません。優勝は現役自衛官でした。決勝進出はお母さん、刑事さん…と、仕事をしている／していない、保護者／先生の区別は一切ありませんでした。

　在園児の子育て支援を考えると、カウンセリングや相談会、育児の講演会なども大切なのですが、一方で、親同士や親と保育者が仲良くなることも大切だと思っています。そんな思いで様々なイベントを計画し、みんな仲良くなって、おいしいものを食べて、友達になっていく…。大人も思い切り遊びます。

未就園子育て家庭の支援〜
参加したくなる仕掛け作り

　子育て広場「こびとのティールーム」には、まだ入園していない子どもたちが遊びに来ます。「屋根付きの公園」というイメージで、保育者はいるものの、積極的に遊びを提案するというより、個別に声をかけたり話をしたり。のんびりした時間を過ごしていました。しかし、1年、2年、3年と過ごしてく中で、徐々に参加者の数が減っていきました。参加者は、「何かやってほしい」「何かをお土産にできる」などなど、ただ場に行っただけではない何かを望んでいることに気づきました。そこで、体にいいおやつ作りを毎回少し一緒にやってみることにしました。子どもは楽しく遊びながら、大人と一緒におやつ作りをします。作ったり食べたりする中で参加者と、笑顔が増えていきました。

　仲良くなり、参加することが当たり前になることで、居場所ができ、主体的に動くようになっていく参加者の方々。居場所を作るための仕掛けは必要なようです。

4：園では日常の焼き芋の光景も、マンション暮らしの子にとっては新鮮　5：みんなで食べると大人も子どももほっこり　6：昔ながらの干し柿づくり。手袋をすればピーラーも使えます

CASE 10 | 食育の推進

CASE 10 食育の推進

保育園　幼稚園　こども園　共通

指針・要領改訂にあたって、環境の変化を踏まえた健康・安全の記載が見直されました。子どもの生命と心の安定が保たれ健やかな生活が確立されることは保育の基本。災害対策のほかに食育もその「ねらい」と「内容」が記されました。食育推進の具体的な取り組みを見てみましょう。

園庭にある花梨の木

竹竿で花梨の実を落としてみる

PART 2 ── 保育の質を高める〜CASE 11 ── 149

花梨の実を収穫

花梨の実を薄く切って砂糖と煮てみる

こども園さざなみの森

園庭で花梨シロップをつくる

　4歳の男の子が園庭に花梨の実がたくさんなっているから採りたいと言い出しました。花梨の木は背が高くて手が届きません。どうやって採ろうか一緒に考えてみます。そこを通りかかったスタッフが、竹の先を割って小枝を刺した道具を作り始めました。出来上がったその竹竿で花梨の実を落としてみます。すると子どもたちが集まってきました。

　みんなで拾って二籠分、たっぷり収穫。思わずかじってみる姿もあります。林檎のように見えるけれど渋くておいしくない・・・。「シロップにしたら美味しくなるよ」と伝えてみました。

　翌日、外遊びの時間に、大人が園庭にガスコンロとまな板と包丁、鍋を持ち出し、外で調理をしました。関心がある子だけ参加です。花梨の実を薄く切って、砂糖と混ぜ、少し時間を置いて、その後、ことこと煮てシロップの完成です。

　お湯で割って、檸檬を絞ると美味しい飲み物になりました。調理に参加していない4歳児も列をつくり、みんなで味わいました。お迎えに来たお母さんにも振る舞い、楽しい一日となりました。この様子に触発された3歳児のスタッフは、後日、子どもたちと花梨ジャムを作り、楽しみました。

CASE 10 ｜ 食育の推進

こども園こどもむら

野菜を育てて調理して食べて遊んで

　園内にある小さな畑で育てているのは、じゃがいもやさつまいも、夏野菜、大根や白菜などです。栽培は全学年の子ども達が関わり、種や苗を植える事から始まります。

　今年は年長児が行う田植えの様子を見学したことから、田んぼでなくバケツ苗にも挑戦しました。稲刈りや昔ながらの脱穀作業をし、炊飯、おにぎり作りをして、おいしくいただきました。

　じゃがいもの収穫をした3歳児は、ポテトチッ

1, 2：畑で種・苗を植えるところからスタート　3：さつまいもの収穫　4：稲についたお米を興味深くみつめる

PART 2 ── 保育の質を高める～CASE 11 ──　151

プを作って「ポテト屋さんごっこ」をやってみたい！という声があがったことから、育てたおいもを調理して食べて、ごっこ遊びを楽しむまでを行いました。土で汚れる中で、年上の子が年下の子の面倒を見たりする心の成長も見られました。

食育活動の中心はいつも子ども達です。活動をサポートするために、スタッフの協力体制を整えることが大切になります。自然や生活に密着した食育活動を行うことによって「食べる事が楽しい」という気持ちを育み、「おいしいね」といえる子に育ってほしいと願います。

じゃがいもの収穫

CASE 11 ｜ 地域と関わった子育ての支援〜まちづくりの視点

CASE 11

地域と関わった
子育ての支援
〜まちづくりの視点

保育園 **幼稚園** **こども園** 共通

子どもが育つ場であった地域コミュニティが衰退して久しい今、保育にまちづくりの視点が求められています。地域コミュニティの力が弱まっている姿は、大人たちの関わりの希薄化と、少子化による同年代・異年齢の子ども同士の関わりが少ないことに表れています。現代の子どもたちにとっての大人は自分の親や先生だけであり、兄弟も少ない生活の中、家庭の中にも外にも"あこがれ"の年長の子どもの存在がない環境です。そこでは子どもの育ちにとって不可欠な遊びも、大人が教えなければならない状況になりつつあり、このような環境で子どもがいっぱしの大人に育つのは難しいのではないかという危惧があります。であるならば、このような地域コミュニティを再生しなければなりません。単に、かつての地域コミュニティを再生することは不可能といえますので、そこでは、新たな地域コミュニティを作り直すことが求められます。今、その拠点となる場が必要とされています。

こども園さざなみの森

父親が参加することで
地域での生活がより充実したものに

園庭に遊具を作り、子どもの遊び場をもっとよくしたいという園スタッフの呼びかけに、数年前に発足していた「おやじの会」が活発化しました。「おやじの会」には、作業が得意な人から興味はあるが未経験の人など、様々な父親達がいます。

園のそばに、地元の方が持つ里山があり、その森と広場を親子が自由に活動に利用していいと地元の方が提供して下さいました。その場所で月に一回、土曜日の10〜15時を基本に、現在約13組の親子が子どもの遊び場作りに参加しています。まず、竹林を整備し、それから竹を使った遊具やツリーハウスを作りながら、主体的に楽しんでいます。

昼食は母親達の出番です。森の広場で煮炊きしてアウトドアクッキングを行います。食材は近くで購入してきて、お勘定は割り勘です。母親が抱えがちな子育てに、父親が参加することにもつながり、子どもから父親への憧れが生まれたり、一緒に遊んだ経験の一役を買ったりして

PART 2 ── 保育の質を高める〜CASE 11 ── 153

います。また、父親も父親同士の仲間が増え、家族ごとに、その地域での生活自体が充実していくことにもつながっているようです。森所有者一人とつながることから地域に住む人との関係が広がり、世代を越えたやり取りも生まれています。

CASE 11 | 地域と関わった子育ての支援〜まちづくりの視点

こども園あかみ幼稚園

新たな地域コミュニティの拠点となる

　子どもが一人前の大人に育つための地域コミュニティが、人にとっての文化的な生態系だとすると、今日はそれが崩壊の危機にあるといえるでしょう。そのため、子どもが育ちにくく子育てがしにくいのだと考えられます。最近特に、認定こども園の機能として、在宅子育て家庭への支援や地域コミュニティの再生ということが重要になってきました。

　本園では、地域子育て支援拠点事業と連携し、誰もが利用できる、子ども・子育てを中心にしたカフェを運営しています。一方、園には穴窯があり、そこでは地域の焼き物サークルが薪割りや作品作りをしています。また、園の畑では地域の元気な高齢者が子どもや親たちと一緒に、大豆を作り、黄粉や味噌を作っています。

　これからは、人にとっての生態系（地域コミュニティ）を新たな形で作り直す必要がありますが、認定こども園はその拠点となることのできる"場"であると考えています。

1：誰でも利用できるカフェ　2：焼き物サークルの窯。子ども達制作による卒園記念の焼き物を焼くのにも使っている　3：元気な高齢者・親達と一緒に大豆作り　4：子どもたちも黄粉作りにチャレンジ

PART 2 ──保育の質を高める〜CASE 11── 155

巻末付録

保育所保育指針、
幼稚園教育要領、
幼保連携型認定こども園教育・
保育要領の改定・改訂
Q&A

現場の先生方に質問をお寄せいただき、汐見先生にお答えいただきました。

Q1 「職務内容に研修の成果を適切に勘案される」がイメージできません。
第5章の4研修に実施体制等の最後に「研修を終了した職員については、その職務内容において、当該研修の成果等が適切に勘案されることが望ましい」とあるが、具体的にはどのようにしていくのでしょうか?

A1 ここは、せっかく外部の研修をきちんと受けてきたのに、職場内でそれを活かす環境がうまくつくられていないことが多いので、研修を特に外部できちんと受けて学んできた職員に活躍する場を提供してはどうか、という提案です。例えば絵画指導をしっかりやりたいと思い、外部でそのための研修を一年間がんばって受けてきた保育者がいるとします。その場合、その人にその園の「絵画指導主任」というような役職についてもらって、園全体の絵画指導を統括する役割を与える、等といったことを指します。こうした人がたくさんいると専門性が確実に高まりますね。

Q2 今回「全体的な計画」という言い方になりましたが、これはこれまでの「保育過程」とどう違うのですか?

A2 結論的に言うと、同じです。言い方が変わったのは、今回3文書の内容をできるだけ同じにするという約束があったからです。前回の改定で、保育所も教育機能を高めるために幼稚園の「教育課程」にあたるものをつくるとなったのですが、教育という言葉は保育所にはまだ法的に使えませんでしたので、保育過程という言い方になったという経緯があります。それ以外に、養護と教育を一体的にとらえて実践するということもあって、「保育過程」にしたのですが、認定こども園ができて、この施設は幼稚園と保育所をあわせ持った性格があるので「教育課程」とはできないし「保育過程」ともできない、そこで新たに「全体的な計画」という言い方にしよう、となった経緯があります。
今回は3組織ともこの「全体的な計画」という語を使うようになったわけですが、これは英語の「カリキュラム」という言葉の訳語と考えていいと思います。めざす子ども像やそのために赤ちゃんの時からどういう保育をしていくか、その考え方や育ての流れの基本を書き込んで、他の計画のもとになる文書にするということです。

Q3 指導計画について考え方を変えなければ
いけないのでしょうか。記録は?

A3 指導計画についても考え方の基本は変わりません。ただ微妙に違いはあります。

年間の大きな流れをクラス単位でつくり、それに基づく実践を絶えず修正して、計画を柔軟に作り直していくのがカリキュラムマネジメントです。カリキュラムマネジメントが強調されているということで、前回よりは、一回作成した計画にこだわりすぎないこと、絶えず子どもの様子を観察しアセスメント（評価）して計画を改善していくことが強調されたことが新たな論点といえば論点になります。

大事なのは、日々、子どもたちの様子をしっかり観察し、環境づくりがよかったのかダメだったのか、ダメならどうすればよかったのか、ということを評価して、改善し続けることです。これは今まで以上に丁寧に行うことが期待されています。

そのために大事なのは振り返りの時間を少しでも毎日とれるかどうかということと、日々の保育日誌のような記録に、エピソードとそのときの保育者の対応と反省、そこから保育者が学んだこと、等を短くてもいいから書いて、単なる記録ではなく、内容が保育計画にリンクするような書き方を研究することでしょう。本書の中にもあるように、ICTの利用も研究する必要があります。

Q4 「個人の資質向上と自己評価」のポイント
を知りたいのですが?

A4 保育指針に保育士は自己評価をすることが義務づけられていますし、園の自己評価も公表が義務づけられています。これを年中行事のように受けとめ、年度末に一回、形式的な自己評価をすればいいと思っている園が多いようです。しかし、厚労省から新たに「自己評価ガイドライン」が出ますが、そこでは自己評価は日常の営みで、毎日行うことが大事という認識が示されています。詳しくはここでは書き切れませんので、このガイドラインをしっかり読み、職員全員で議論して各園なりに実践することがいいと思います。

Q5 小学校との接続と10の姿について、保育や授業の交流のほか、先生同士の研修などの機会を通じて互いの理解を深める上で、具体的にどのような点に配慮してやっていけばよいでしょうか。

A5 これについては、形式的な交流ではなく、今後のより緊密な関係の強化のために、低学年担当者と保育士の年長児担当者が、事例を出し合いながら、これからどうした教育が大事になるか、率直に意見交換することが大事になります。自治体によってはそれを十数度も行って、お互いについての認識が一挙に深まったという例もあります。各園ごとでは難しいので、教育委員会と保育部局の協力を得て、そうした機会をぜひつくってほしいと思います。それで多くのことは解決します。

Q6 「社会に開かれた教育課程」を達成するために、子どもの育ち・学びに、どのように地域の資源を取り入れて行く必要があるでしょうか。

A6 これは、保育の中で、子どもたちが地域にある店や農業、漁業等をしているところを訪問して説明をしてもらうとか、子どもたちが手伝えることを探すとか、さまざまな形での子どもと地域の人達とのざっくばらんな交流の機会をつくるのが最も有効だと思います。また、余力があれば、地域の高齢者に園に来てもらい保育を手伝ってもらうということも保育園、こども園が地域の活性化センターとなることにつながっていくでしょう。

「記録」の用紙
サンプルフォーマット

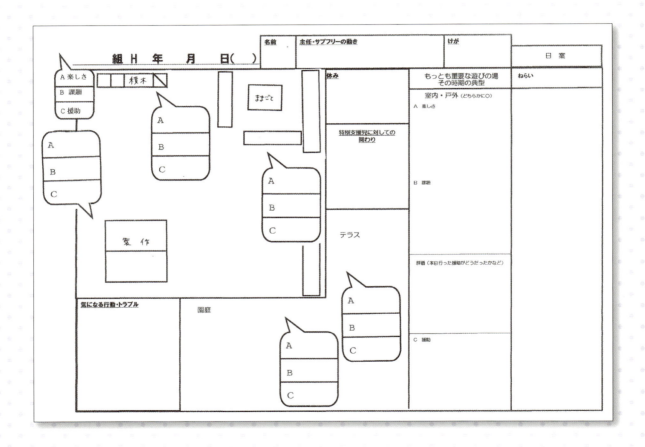

※これは2019年4月15日現在の書式。このフォーマットは、日々改善されていくものです

著者プロフィール

汐見稔幸　しおみ としゆき
東京大学名誉教授

専門は教育学、教育人間学、育児学。日本保育学会会長。厚労省「社会保障審議会児童部会保育専門委員会（＝保育所保育指針策定の委員会）委員長ほか。保育雑誌『エデュカーレ』の責任編集者。保育・幼児教育関係の著書多数。

中山昌樹　なかやま まさき
認定こども園あかみ幼稚園理事長

イギリスのチルドレンセンターに2005年、出会い、日本版チルドレンセンターを作ることを決意。2010年にあかみ幼稚園を幼保連携型認定こども園に移行。今に至る。著者に「遊び保育の実践」（共著、ななみ書房）、「早わかり子ども・子育て支援新制度―現場はどう変わるのか」（共著、ぎょうせい）など。

第1部の対談は、江戸時代から多くの文人墨客が逗留し文化人が交遊した「巌華園」（栃木県足利市）にて行われた。

事例ご提供園（50音順）

- 認定こども園あがた幼稚園（第1部：ウ、カ、第2部：2、8）
- 認定こども園あかみ幼稚園（第1部：エ、ク、ア～コの注、第2部：1、2、3、4、5、6、7、8、9、11）
- 認定こども園こどもむら（第1部：イ、ケ、第2部：7、10）
- 認定こども園さざなみの森（第1部：オ、コ、第2部：10、11）
- 認定向山こども園（第1部：ア、キ、第2部：3、9）

カバーデザイン
大倉真一郎

DTP・紙面デザイン
gocoro 松岡里美

ご協力園
仁慈保幼園
社会福祉法人江東園
フレーベル西が丘みらい園
まちの保育園 吉祥寺　職員の皆様

これからの保育シリーズ⑦
10の姿で保育の質を高める本

2019年5月24日　　初版第1刷発行
2023年3月1日　　初版第4刷発行

著者
汐見稔幸（しおみ としゆき）

中山昌樹（なかやま まさき）

発行所
株式会社風鳴舎
東京都豊島区南大塚2-38-1 MID POINT 6F 〒170-0005
電話：03-5963-5266／FAX：03-5963-5267

印刷・製本
株式会社シナノ

本書は著作権法上の保護を受けています。本書の一部または全部について、発
行会社である株式会社風鳴舎から文書による許可を得ずに、いかなる方法に
おいても無断で複写、複製することは禁じられています。
本書へのお問い合わせについては上記発行所まで郵送にて承ります。
乱丁・落丁はお取り替えいたします。

©2019 Toshiyuki shiomi, Masaki nakayama
ISBN978-4-907537-17-3 C3037
Printed in Japan